COLEÇÃO **MASCARENHAS** PARA VIOLÃO

MINHAS PRIMEIRAS NOTAS AO VIOLÃO

2º VOLUME

METODO ELABORADO
PELO PROFESSOR

OTHON G. da ROCHA FILHO

Nº Cat.: 291-M

Irmãos Vitale Editores Ltda.
vitale.com.br
Rua Raposo Tavares, 85 São Paulo SP
CEP: 04704-110   editora@vitale.com.br   Tel.: 11 5081-9499

© Copyright 1974 by Irmãos Vitale Editores Ltda. - São Paulo - Rio de Janeiro - Brasil.
Todos os direitos autorais reservados para todos os países. *All rights reserved.*

Dados Internacionais de Catalogação na Publicação (CIP)
(Câmara Brasileira do Livro, SP, Brasil)

Rocha Filho, Othon Gomes da
  Minhas primeiras notas ao violão, volume n° 2 / elaborado por Othon Gomes da Rocha Filho. -- 6. ed. -- São Paulo : Irmãos Vitale, 2000. -- (Coleção Mascarenhas para violão)

ISBN 85-7407-095-5
ISBN 978-85-7407-095-7

  1. Música - Estudo e ensino 2. Violão - Estudo e ensino I. Título. II. Série.

00-2714   CDD-787.8707

Índices para catálogo sistemático:

1. Violão : Estudo e ensino : Música   787.8707

PREFÁCIO

A generosa acolhida, comprovada pelas sucessivas edições do nosso pequeno método "Minhas Primeiras Notas ao Violão" (1.º Volume), e os incentivos para que déssemos continuidade àquele trabalho, animou-nos a elaborar o presente Volume.

Foi observado o mesmo critério na apresentação das lições, isto é, todo o cuidado na graduação, utilidade e beleza, o que certamente irá tornar o estudo mais agradável, além de proporcionar ao aluno uma boa base técnica e um excelente repertório. Assim dizemos, porque neste Volume constam, de preferência, lições, estudos e peças dos Grandes Mestres do Violão, por isso que, internacionalmente aprovadas e adotadas, tornando assim este trabalho, em essência, equivalente a uma pequena antologia, considerando-se naturalmente o nível a que se propõe.

Nada pretendemos aqui inovar, a não ser talvez na maneira de apresentar as matérias, mesmo porque seria negligenciar o valor da imensa e soberba obra desses Mestres, a qual, em nossa modesta opinião, dificilmente será superada e continuará ainda, por muito e muito tempo, transmitindo aos estudiosos e aficionados os segredos da arte violonística.

De acordo com a capacidade e o aproveitamento de cada aluno, ficará a critério dos Senhores Professores, se acharem necessário, alterar a ordem das lições, assim como escolher o momento oportuno para iniciar o aluno na prática das escalas, arpejos, efeitos, etc. Logicamente que isso deverá ser feito de modo gradativo e em paralelo com as lições, estudos e peças restantes.

Aproveita o autor para agradecer a todos que elegeram e adotaram seus métodos, esperando que mais esta modesta obra venha também corresponder ao seu intento, que é, primordialmente, o de contribuir para o ensino do Violão.

OTHON GOMES DA ROCHA FILHO

À MÁRIO MASCARENHAS

Com o mais alto entusiasmo dedico-lhe esta singela obra.

Tendo eu abraçado a arte do Violão desde tenra idade e Mário dedicado tôda a sua vida ao Acordeão, entusiasmei-me ao vê-lo, agora, ao idealizar a presente coleção, tão interessado e apaixonado também pelo meu instrumento, num impulso sincero de amizade e reconhecimento, presto-lhe, com carinho, esta homenagem.

teu irmão,
OTHON GOMES DA ROCHA FILHO

LIÇÃO - (EM SOL MAIOR)
(Baixos sustentados em forma de escala)

NAPOLEON COSTE

LIÇÃO - (EM DÓ MAIOR)
(Baixos sustentados em forma de escala)

NAPOLEON COSTE

LIÇÃO - (EM SOL MAIOR)

DIONISIO AGUADO

Observação: $\frac{3}{8}$ Compasso ternário simples | Unidade de tempo → ♪ | Unidade de compasso → ♩.

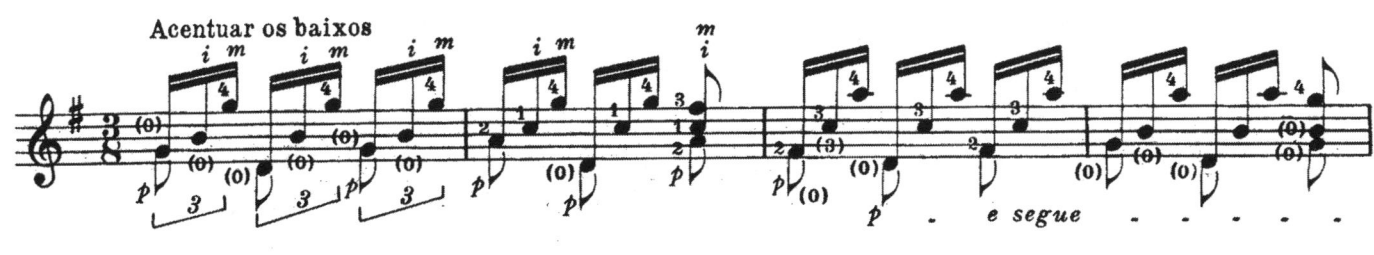

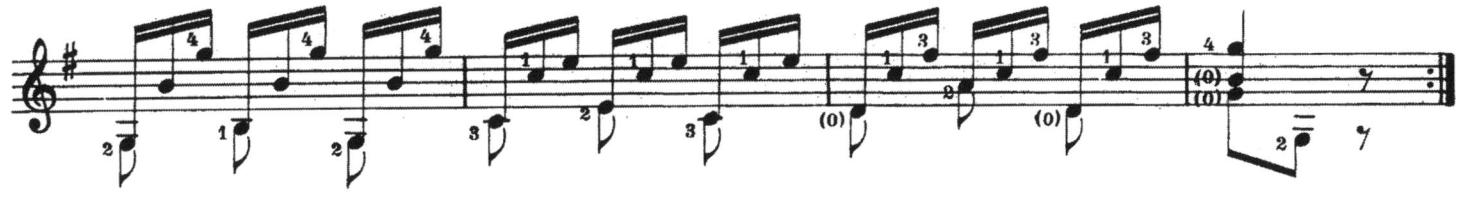

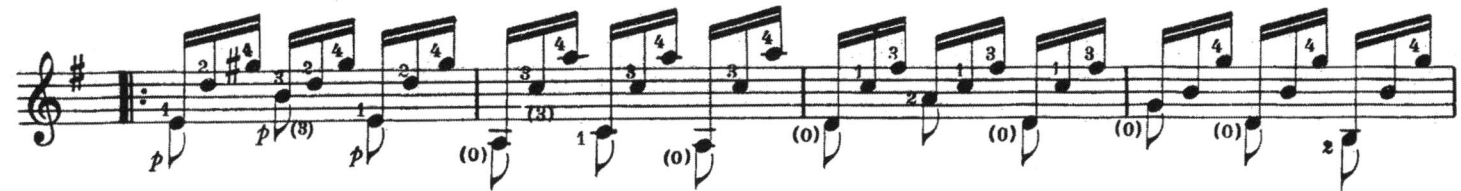

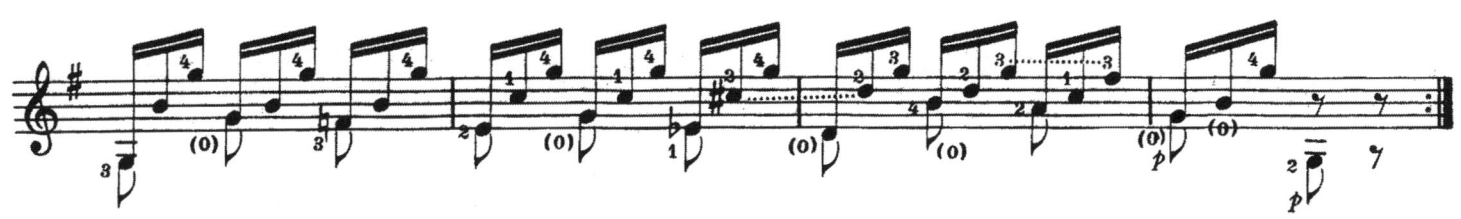

EXERCÍCIOS PARA INDEPENDÊNCIA DOS DEDOS

-Manter o dedo 4 fixo durante todo o exercício-

MATTEO CARCASSI

EM DÓ MAIOR

1.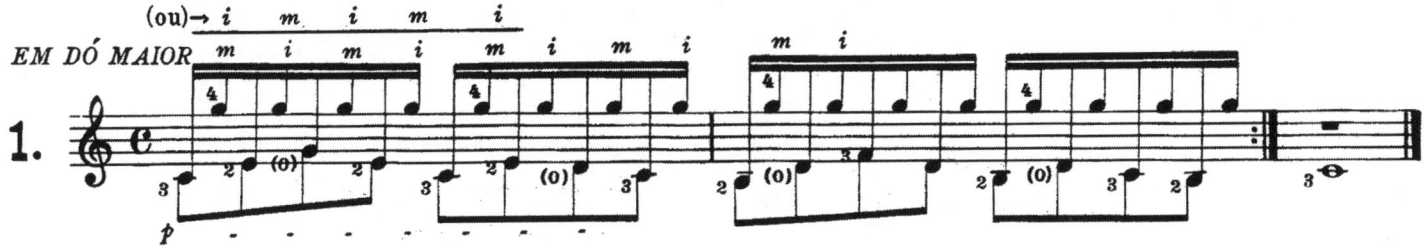

2.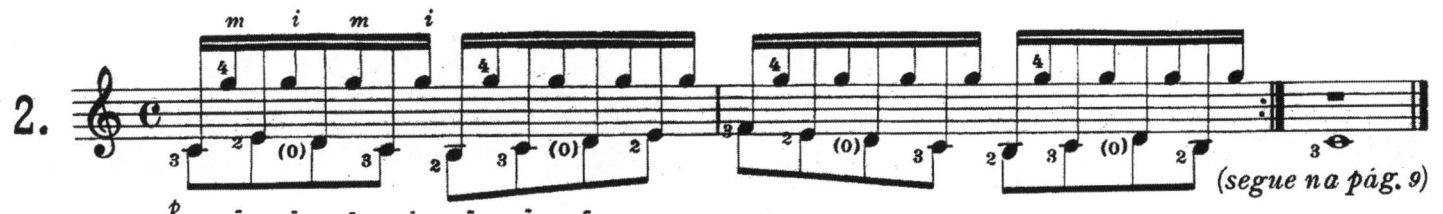

(segue na pág. 9)

LIÇÃO - (EM LÁ MAIOR)

(Acentuar a melodia da parte superior)

ANTONIO CANO

(cont. da pág. 7) **EXERCÍCIOS PARA INDEPENDÊNCIA DOS DEDOS**

Manter o dedo 4 fixo durante todo o exercício

MATTEO CARCASSI

(segue na pág. 11)

ESTUDO (EM LÁ)

FERNANDO SOR

Observação: $\frac{6}{8}$ compasso binario composto | unidade de tempo → ♩. | unidade de compasso → ♩.

* - Neste ponto, deve-se iniciar a prática de Ligados na pág. 60

LIÇÃO - (EM LÁ MENOR)

(Acentuar bem os baixos)
D. AGUADO

*- As notas impressas são do método original de D. Aguado. Em outras edições, algumas notas são substituidas como está indicado nos pontos assinalados.

(Continuação da pág. 9) **EXERCÍCIOS PARA INDEPENDÊNCIA DOS DEDOS**

Manter o dedo 4 fixo durante todo o exercício

M. CARCASSI

(segue na pág. 13)

LIÇÃO - (EM SOL MAIOR)

D. AGUADO

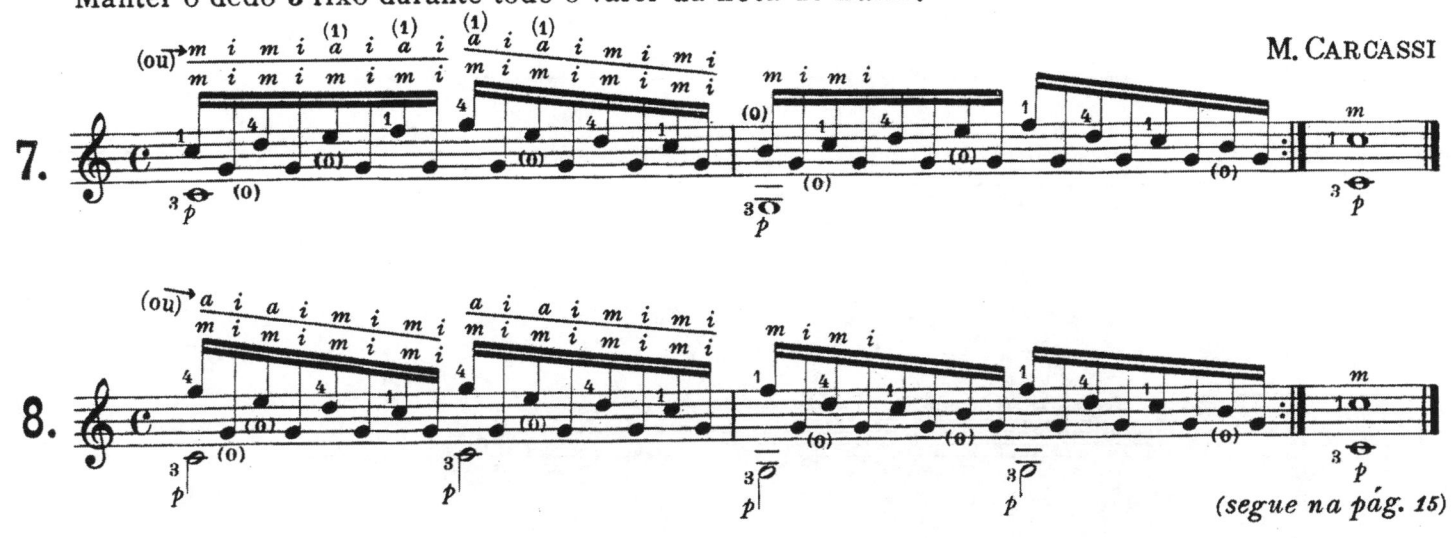

* - *Acentuar um pouco mais as notas assinaladas* (>)

EXERCÍCIOS PARA INDEPENDÊNCIA DOS DEDOS

(Cont. da pág. 11)

Manter o dedo 3 fixo durante todo o valor da nota do Baixo.

M. CARCASSI

(segue na pág. 15)

LIÇÃO - (EM LÁ MAIOR)

N. COSTE

LIÇÃO - (EM LÁ MAIOR)

D. AGUADO

ANDANTE GRACIOSO

F. CARULLI

EXERCÍCIO PARA INDEPENDÊNCIA DOS DEDOS

(Cont. da pág. 13)

Sustentar as notas dos baixos durante todo o seu valor

M. CARCASSI

(segue na pág. 17)

ALLEGRETTO

FRANCISCO MOLINO

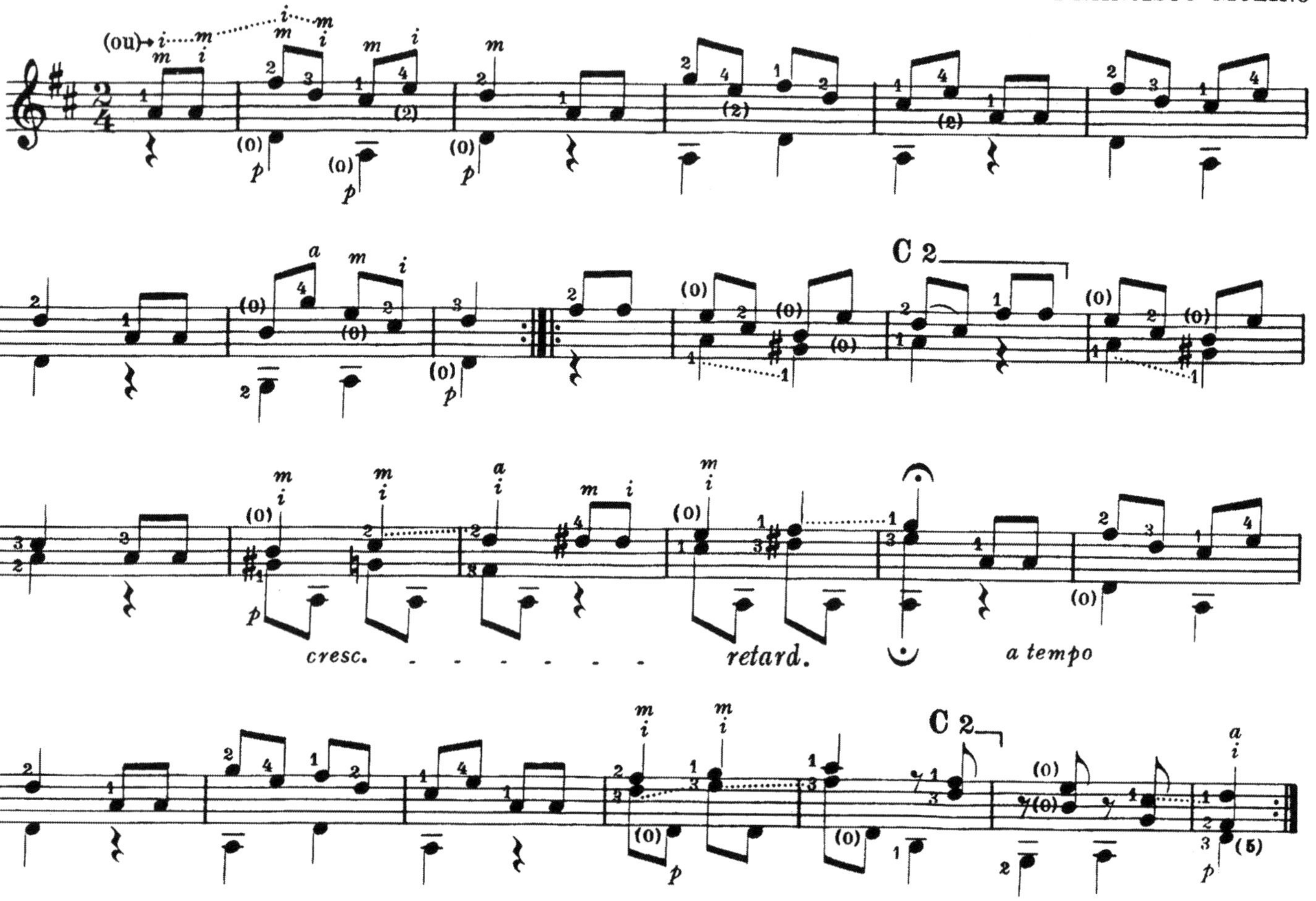

MINUETO EM MI MENOR

ROBERT DE VISÉE

Andantino

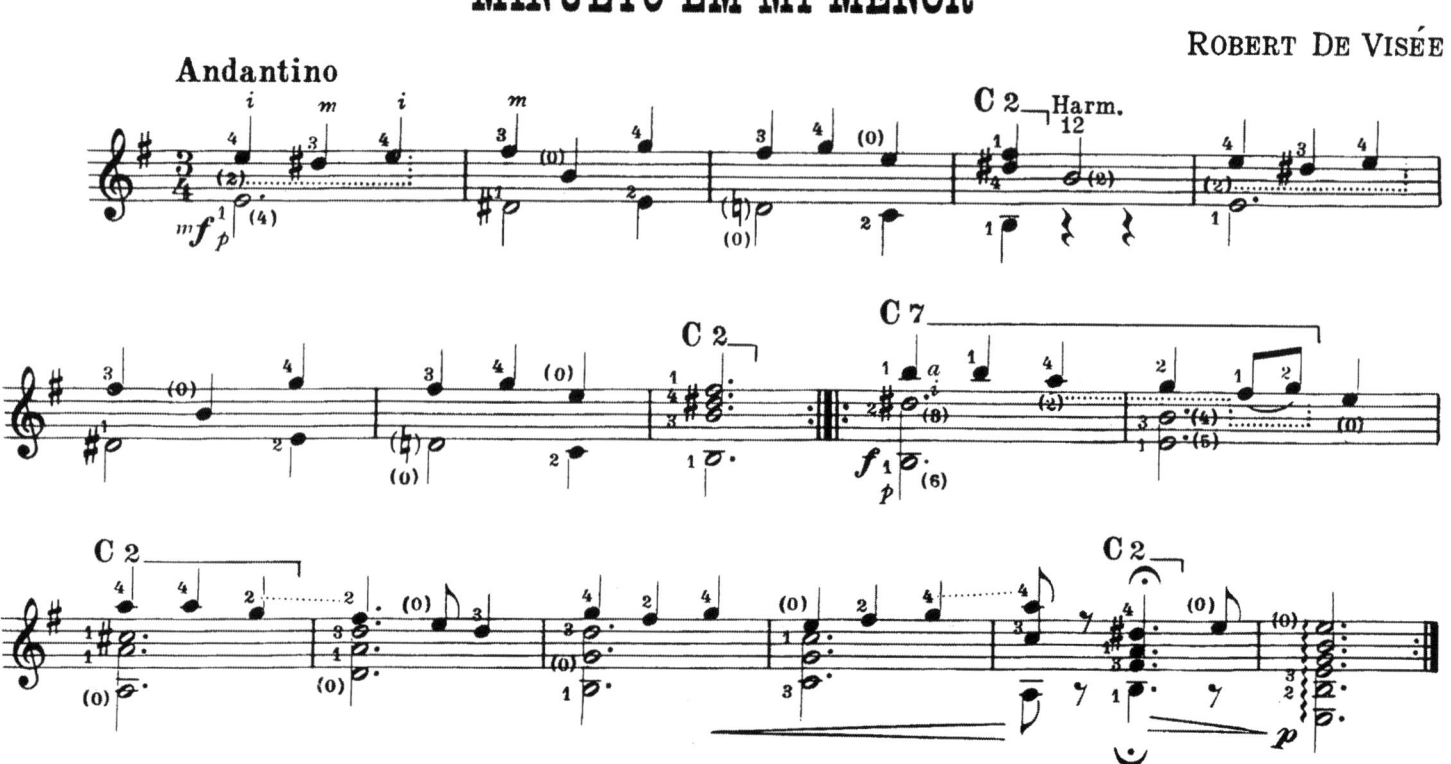

ALLEGRETTO

F. Carulli

(Cont. da pág. 15) **EXERCÍCIOS PARA INDEPENDÊNCIA DOS DEDOS**

Manter o dedo 3 fixo durante todo o exercício

M. Carcassi

(segue na pág. 18)

(Cont. da pág. 17) **EXERCÍCIOS PARA INDEPENDÊNCIA DOS DEDOS**

M. Carcassi

Manter o dedo 4 fixo até o nº 18

ESTUDO EM RÉ MENOR

NAPOLEON COSTE

ESTUDO EM RÉ MAIOR

FERNANDO SOR

LIÇÃO - (EM LÁ MENOR)

D. AGUADO

LIÇÃO - (EM LÁ MAIOR)

D. AGUADO

ESTUDO EM DÓ MAIOR

Matteo Carcassi

ESTUDO EM DÓ MAIOR

Matteo Carcassi

ESTUDO EM LÁ MENOR

Matteo Carcassi

VARIAÇÃO PARA A PRÁTICA DE TRÊMULO.*

* – Vide TRÊMULO pag. 81

ESTUDO EM LÁ MENOR

Matteo Carcassi

ESTUDO EM LÁ MAIOR

Matteo Carcassi

ESTUDO EM LÁ MAIOR

Matteo Carcassi

ESTUDO EM DÓ MAIOR

Fernando Sor

ESTUDO EM LÁ MENOR

Napoleon Coste

ESTUDO EM LÁ MENOR

Mauro Giuliani

ESTUDO EM DÓ MAIOR

Mauro Giuliani

ESTUDO EM MI MENOR

Mauro Giuliani

ESTUDO EM MI MENOR

MAURO GIULIANI

Andantino

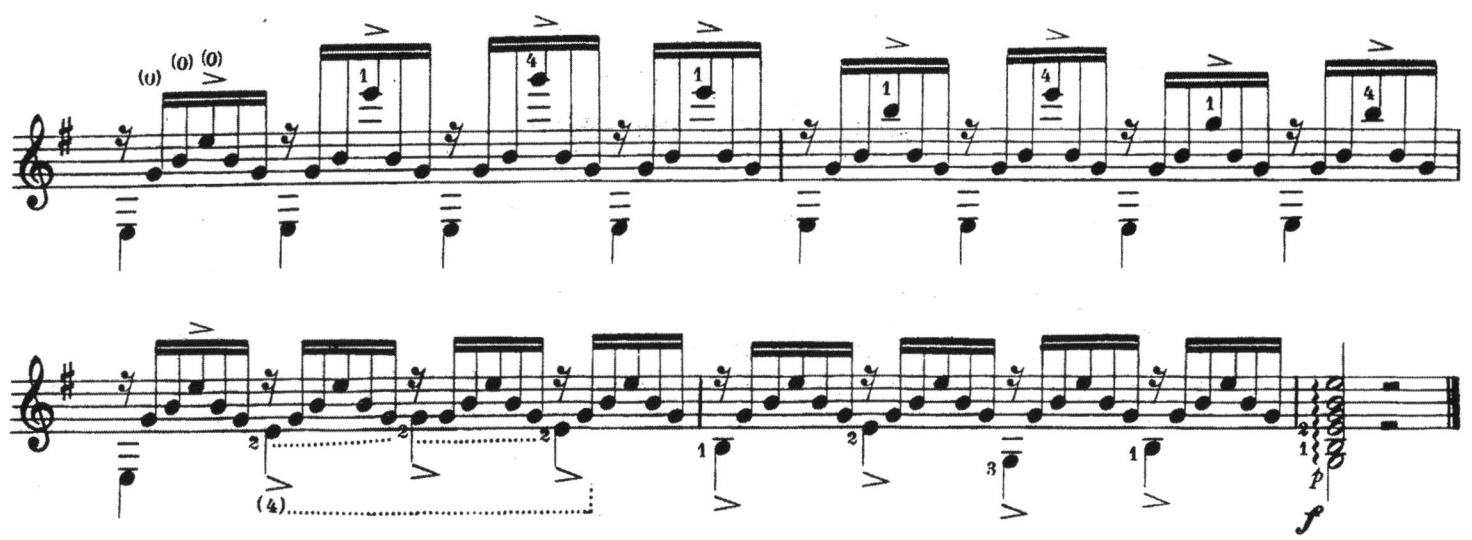

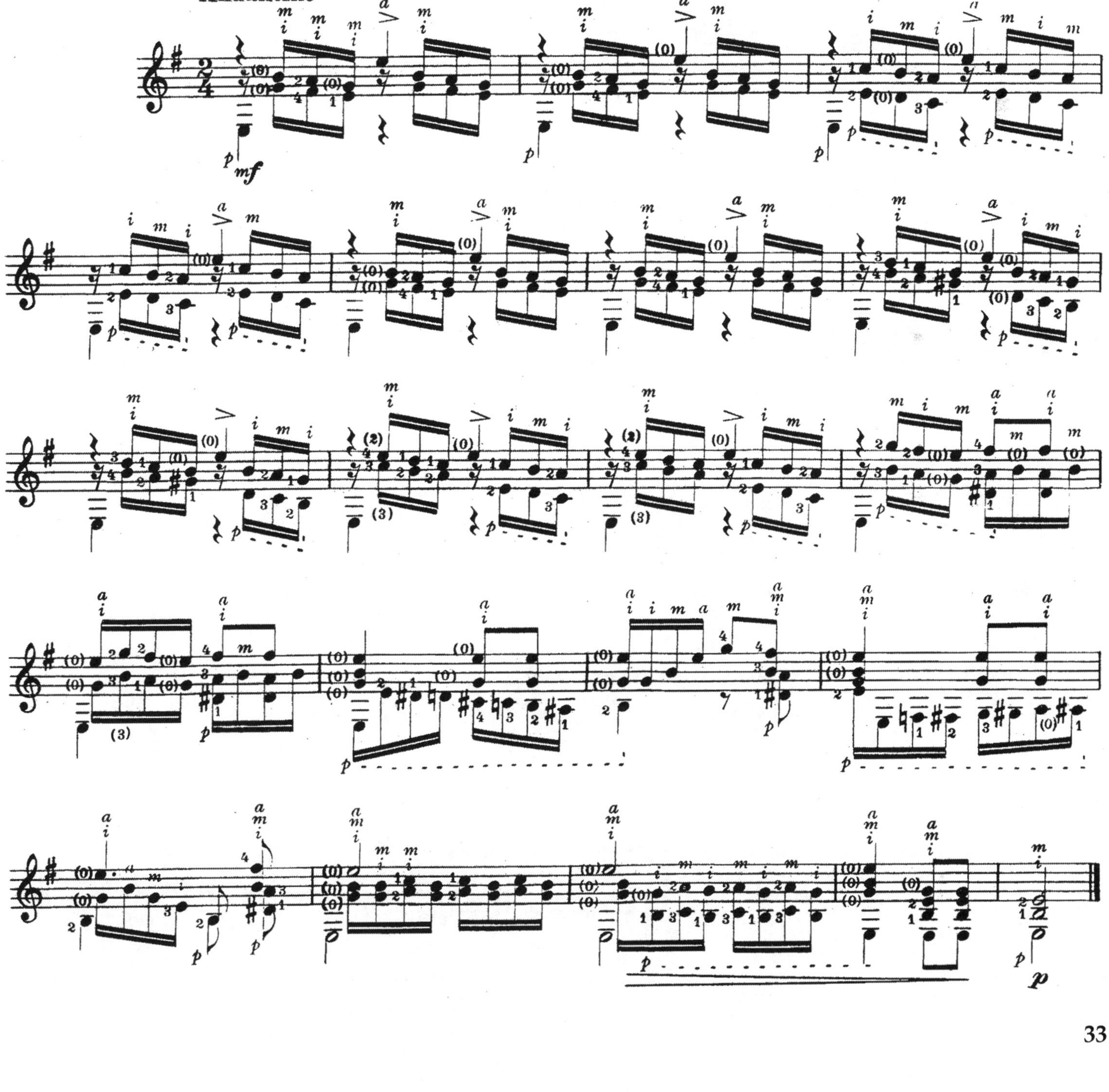

ESTUDO EM RÉ MENOR

MAURO GIULIANI

MINUETO

MATTEO CARCASSI

ESTUDO EM LÁ MENOR

Mauro Giuliani

ESTUDO EM SOL MAIOR

D. AGUADO

ESTUDO EM RÉ MAIOR

Napoleon Coste

PRELÚDIO

Napoleon Coste

ESTUDO EM SI MENOR

FERNANDO SOR

(*) – Acentuar e manter bem a duração das mínimas e semínimas.

poco rit. . . . . . 𝑝

ANDANTINO
(EM RÉ MENOR)

Napoleon Coste

ESTUDO EM DÓ MAIOR

Matteo Carcassi

ESTUDO EM LÁ

Observação: $\frac{12}{8}$ Compasso Quaternário composto | Unidade de tempo → ♩. | Unidade de compasso → 𝄻.

Matteo Carcassi

Allegro

D.C. ao Fim

LIÇÃO DE ORNAMENTOS

NOTA: Em caso de dúvida quanto a execução destes ornamentos, consulte as páginas, 74 a 78. ORNAMENTOS

F. CARULLI

OBS: – Os ornamentos assinalados com asteríscos (*) não constam da lição original; foram acrescentados para ampliar o conjunto de ornamentos. A execução dos mesmos será, portanto, facultativa.

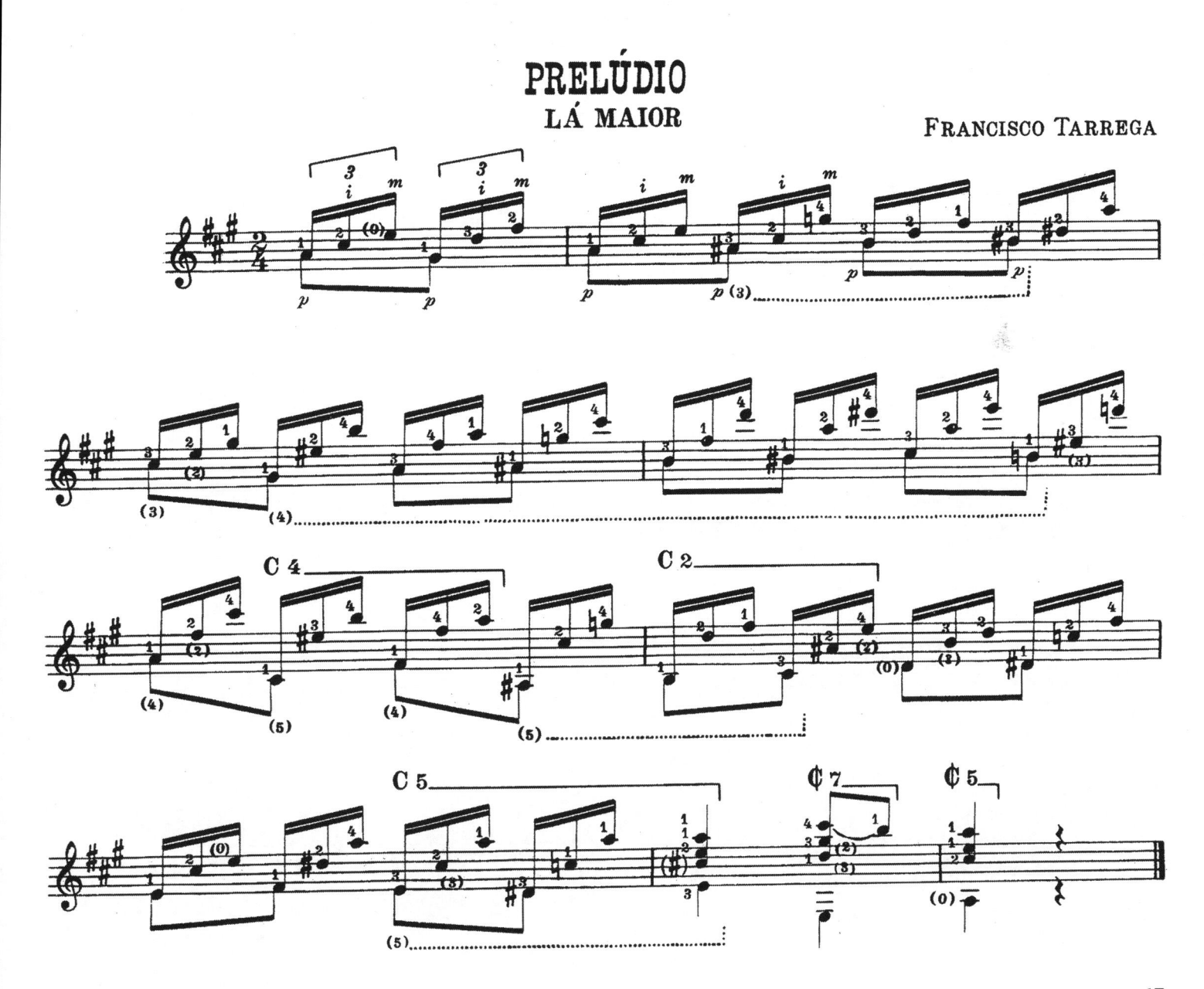

PRELÚDIO
LÁ MAIOR

Francisco Tarrega

45

SCHERZO

F. CARULLI

MINUETO EM DÓ MAIOR
(Op. 22)

FERNANDO SOR

MINUETO I

Allegretto

J. S. BACH
Adaptação de OTHON G. R. FILHO

MINUETO II

Lento

J. S. BACH

BOURRÉE

J. S. BACH
Adaptação de OTHON G. R. FILHO

NOTA — *Nesta adaptação, foram evitados muitos casos de notas em cordas soltas, principalmente quando a excessiva permanência de vibração das mesmas causam dissonâncias desnecessárias sobre as notas seguintes. Isto resulta em maior fidelidade ao original e pureza de som, embora torne a sua execução um pouco mais difícil.*

PRELÚDIO

Música de J. S. BACH
Adaptação de OTHON G. R. FILHO

C 9
C 8
dim. poco a poco
C 5
C 2
sempre dim.
C 2
cresc.
C 7
C 5
dim. poco a poco
C 1
C 4
C 5
poco rall.

SONATINA

Allegro

Niccolò Paganini

PRELÚDIO (RÉ MAIOR)

Lento

F. TARREGA

PRELÚDIO (RÉ MENOR)
ENDECHA

Andante

F. TARREGA

ADELITA
MAZURCA

Francisco Tarrega

PAVANA

Francisco Tarrega

MARIETA
MAZURCA

Francisco Tárrega

57

ESTUDO EM MI MENOR
(O ZANGÃO E A ABELHA)

OTHON G. R. FILHO

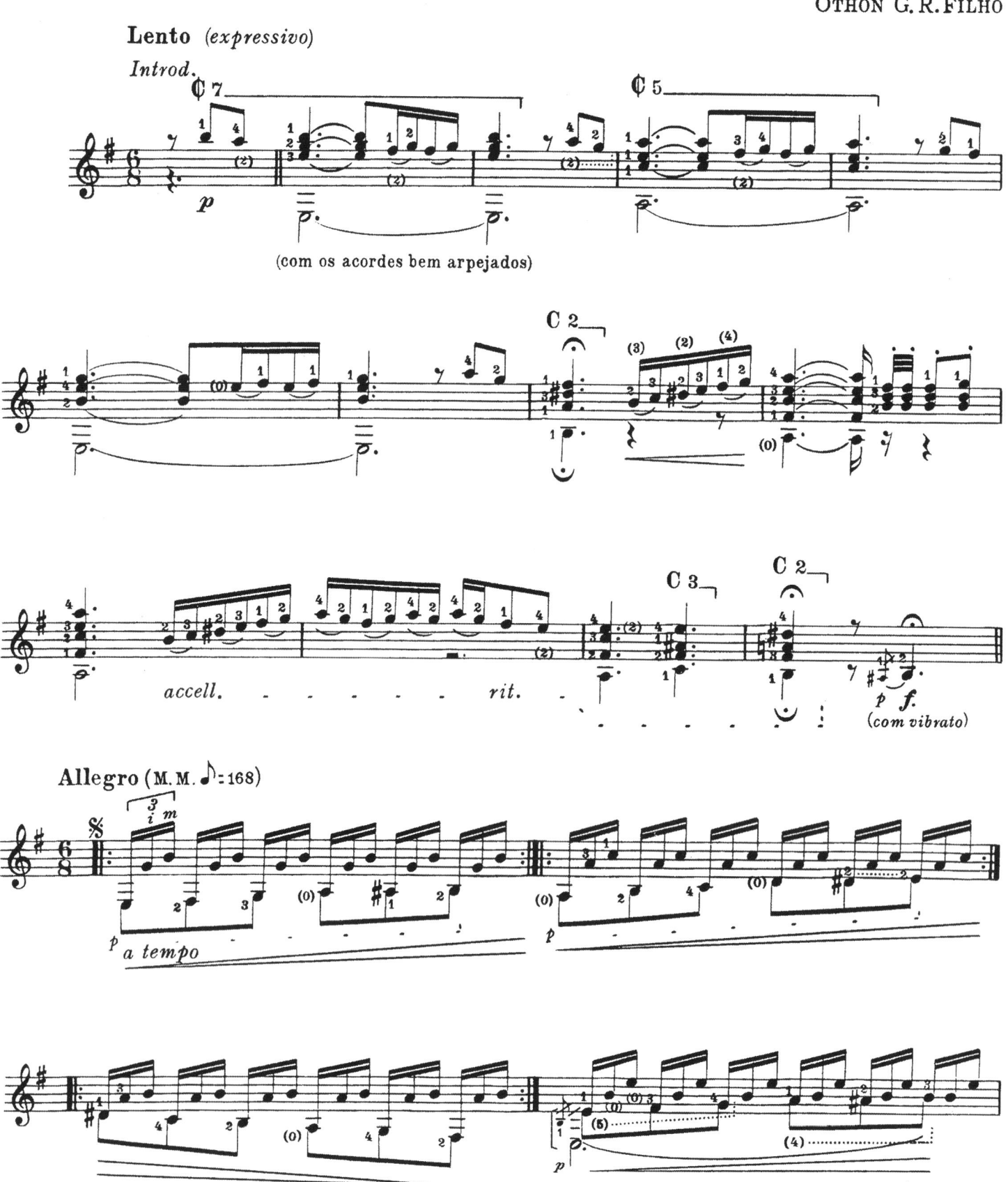

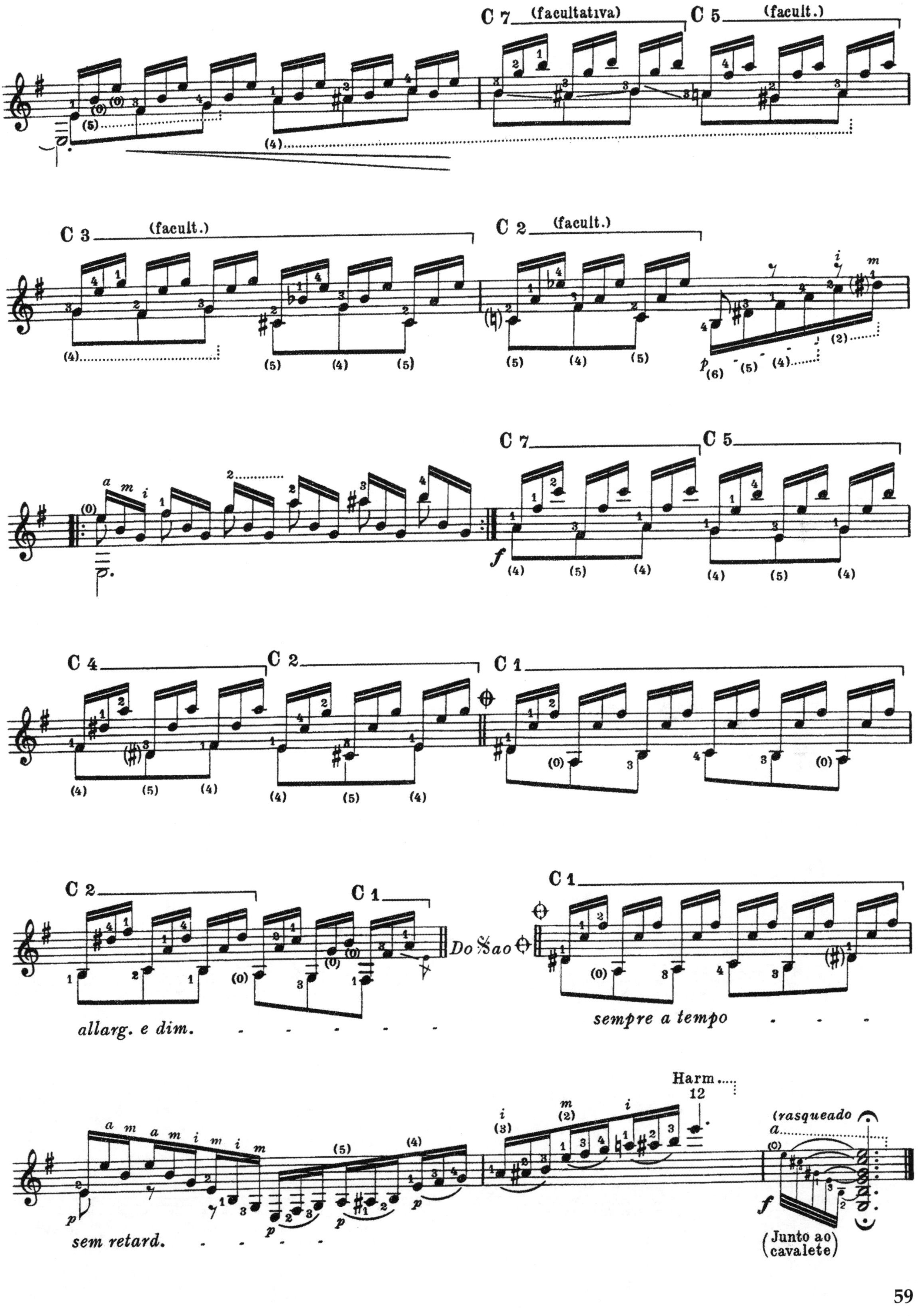
C 7 (facultativa)
C 5 (facult.)
C 3 (facult.)
C 2 (facult.)
C 7
C 5
C 4
C 2
C 1
C 2
allarg. e dim.
C 1
Do 𝄋 ao 𝄌
C 1
sempre a tempo
sem retard.
Harm
12
(rasqueado
a
(Junto ao cavalete)

EXERCÍCIOS DE LIGADOS
(EXEMPLOS)

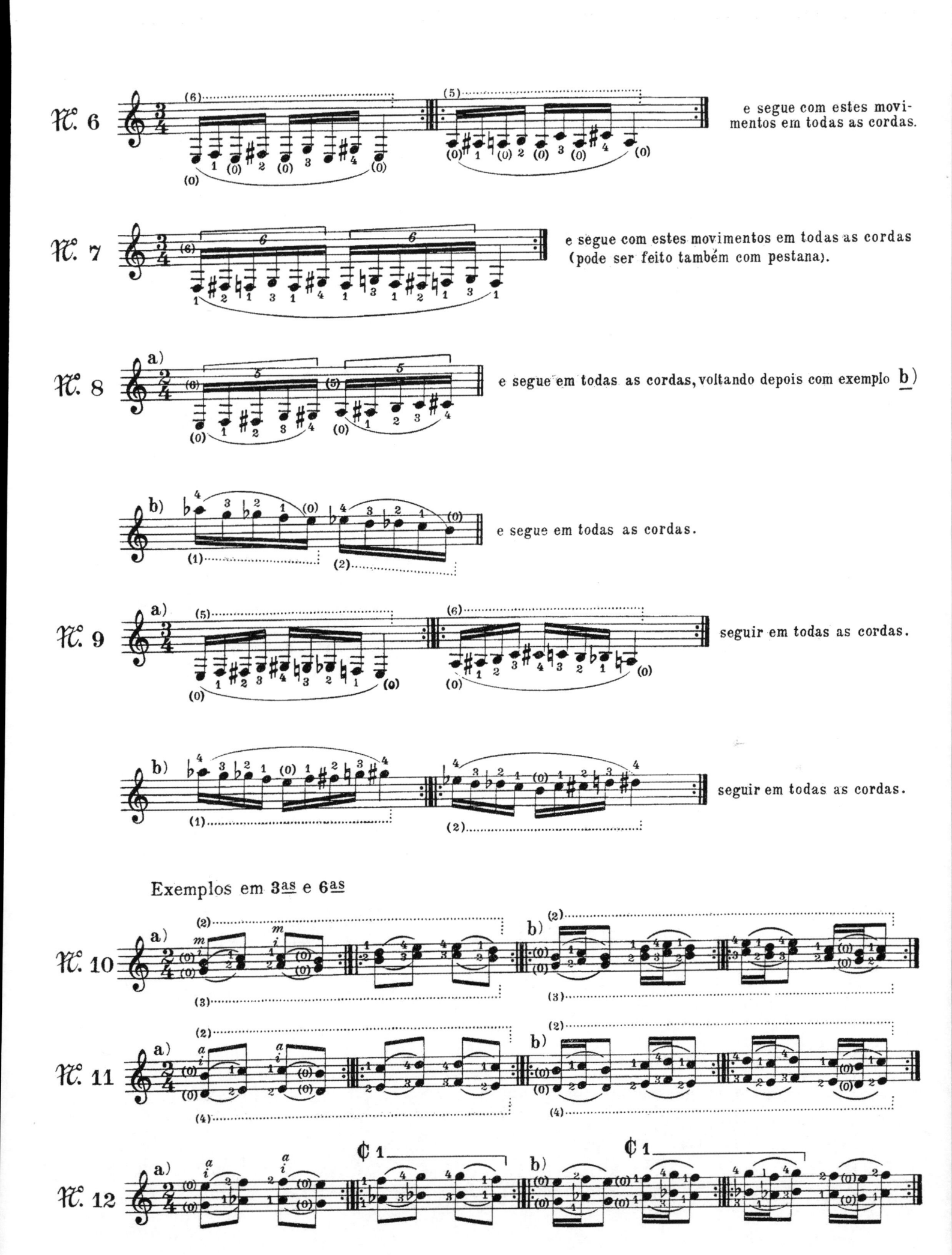

Nº 6 — e segue com estes movimentos em todas as cordas.

Nº 7 — e segue com estes movimentos em todas as cordas (pode ser feito também com pestana).

Nº 8 a) — e segue em todas as cordas, voltando depois com exemplo b)

b) — e segue em todas as cordas.

Nº 9 a) — seguir em todas as cordas.

b) — seguir em todas as cordas.

Exemplos em 3<u>as</u> e 6<u>as</u>

Nº 10

Nº 11

Nº 12

ESCALAS - ACORDES - ARPEJOS
- EM TODOS OS TONS -

NOTA – Nesta apresentação dos tons deve-se observar o seguinte:
- (A) – ESCALAS - com novas fórmulas e dedilhados (diferentes das que constam no I° Volume).
- (B) – ACORDES PRINCIPAIS DO TOM - com indicação dos graus da escala sobre os quais eles são formados e as respectivas cifragens (práticas) para Violão.
- (C) – ARPEJO – do Acorde do Tom (I° grau, no estado fundamental), na mais simples modalidade de ser executado.
- (D) – OUTRAS LOCALIZAÇÕES - (mais comuns) do Acorde do Tom (I° gráu, estado fundamental).

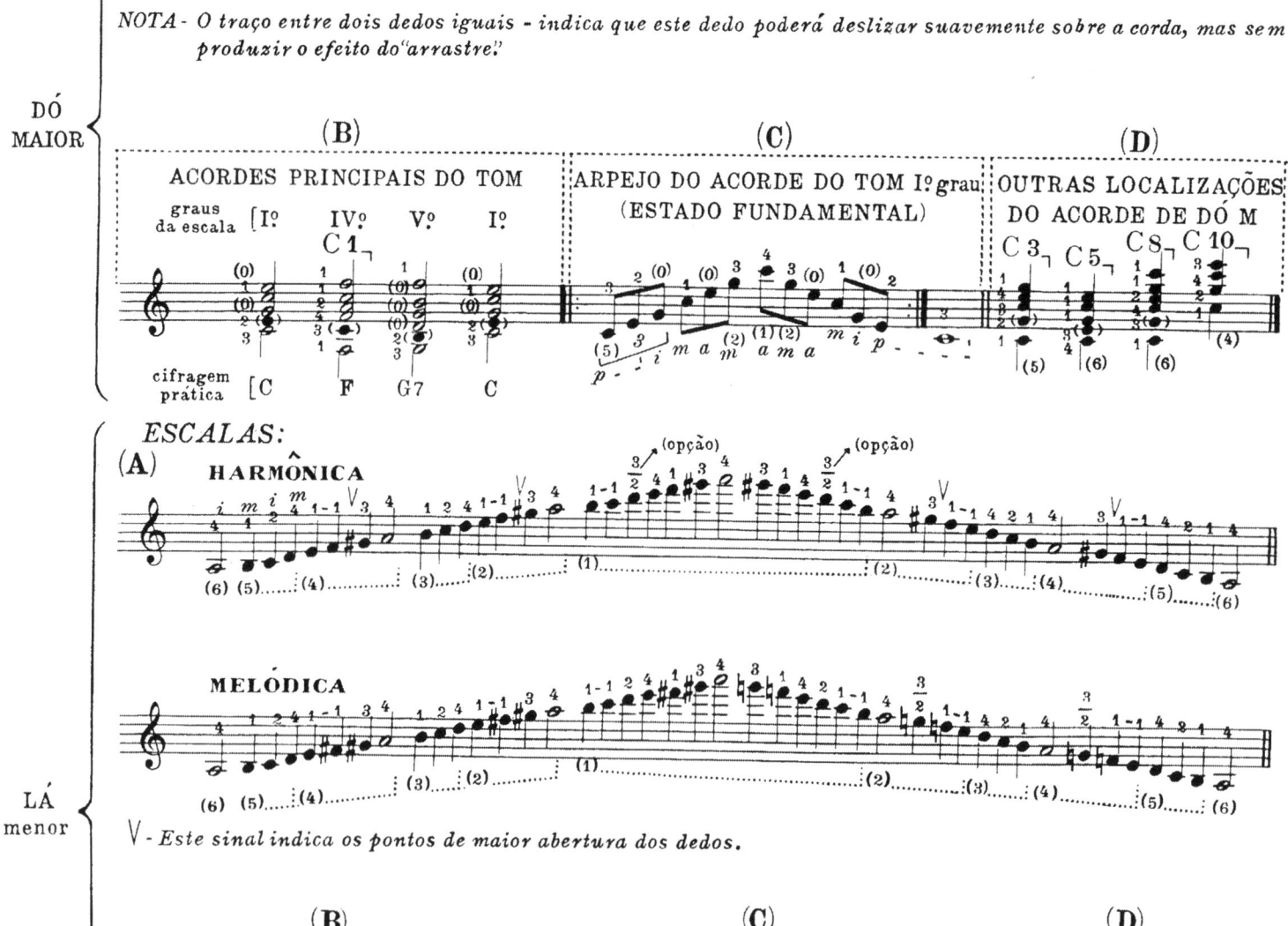

DÓ MAIOR

(A) *ESCALA:*

NOTA - O traço entre dois dedos iguais - indica que este dedo poderá deslizar suavemente sobre a corda, mas sem produzir o efeito do "arrastre".

(B) ACORDES PRINCIPAIS DO TOM — graus da escala [I°, IV°, V°, I°] — cifragem prática [C, F, G7, C]

(C) ARPEJO DO ACORDE DO TOM I° grau (ESTADO FUNDAMENTAL)

(D) OUTRAS LOCALIZAÇÕES DO ACORDE DE DÓ M

LÁ menor

ESCALAS:

(A) HARMÔNICA

(opção)

MELÓDICA

∨ - Este sinal indica os pontos de maior abertura dos dedos.

(B) ACORDES PRINCIPAIS DO TOM — graus da escala [I°, IV°, V°, I°] — cifragem prática [Am, Dm, E7, Am]

(C) ARPEJO DO ACORDE DO TOM I° grau (ESTADO FUNDAMENTAL)

(D) OUTRAS LOCALIZAÇÕES DO ACORDE DE LÁ m

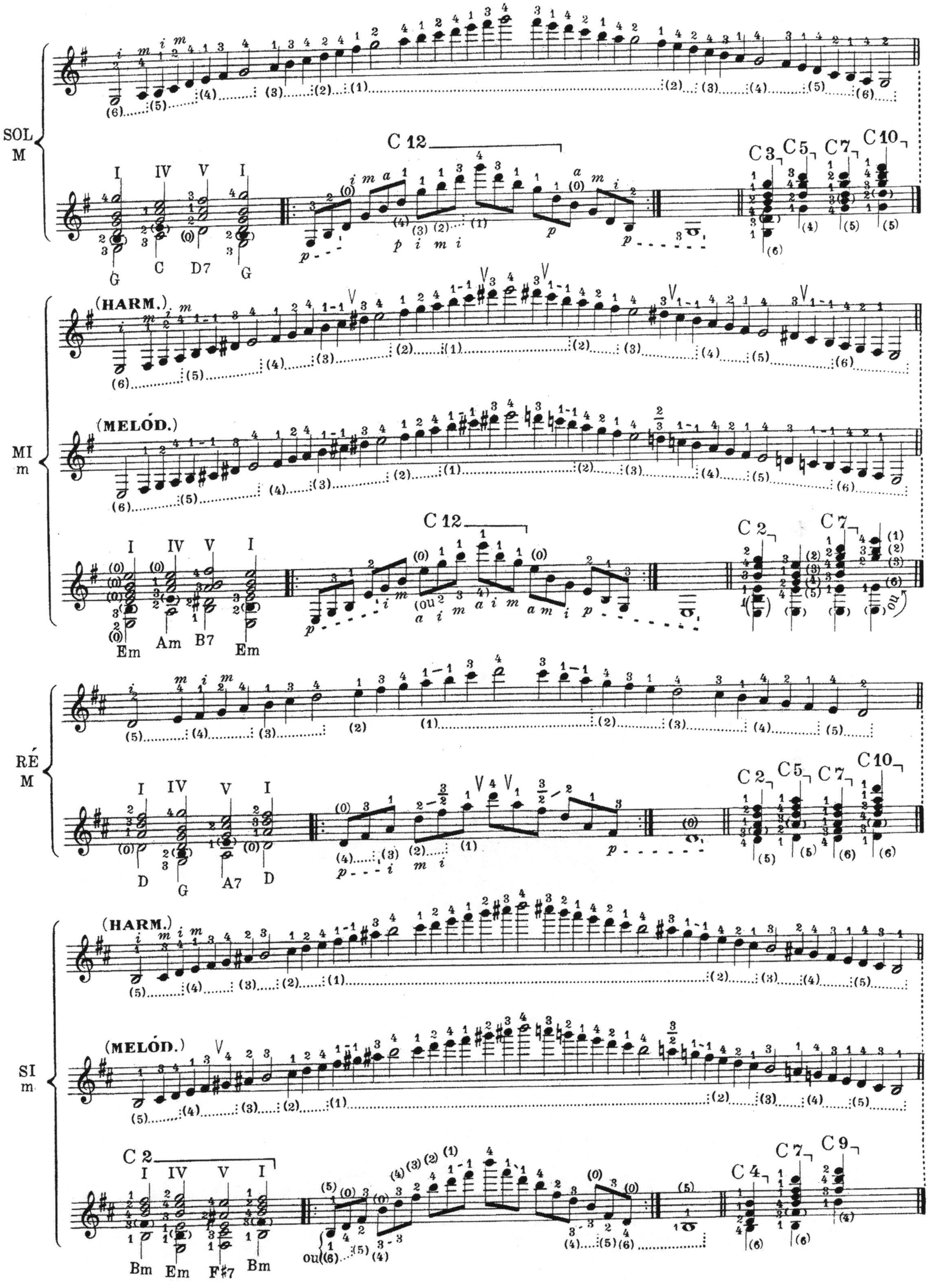
SOL M
I IV V I
G C D7 G
C 12
C 3 C 5 C 7 C 10
(HARM.)
(MELÓD.)
MI m
I IV V I
Em Am B7 Em
C 12
C 2 C 7
RÉ M
I IV V I
D G A7 D
C 2 C 5 C 7 C 10
(HARM.)
(MELÓD.)
SI m
C 2
I IV V I
Bm Em F♯7 Bm
C 4 C 7 C 9

64

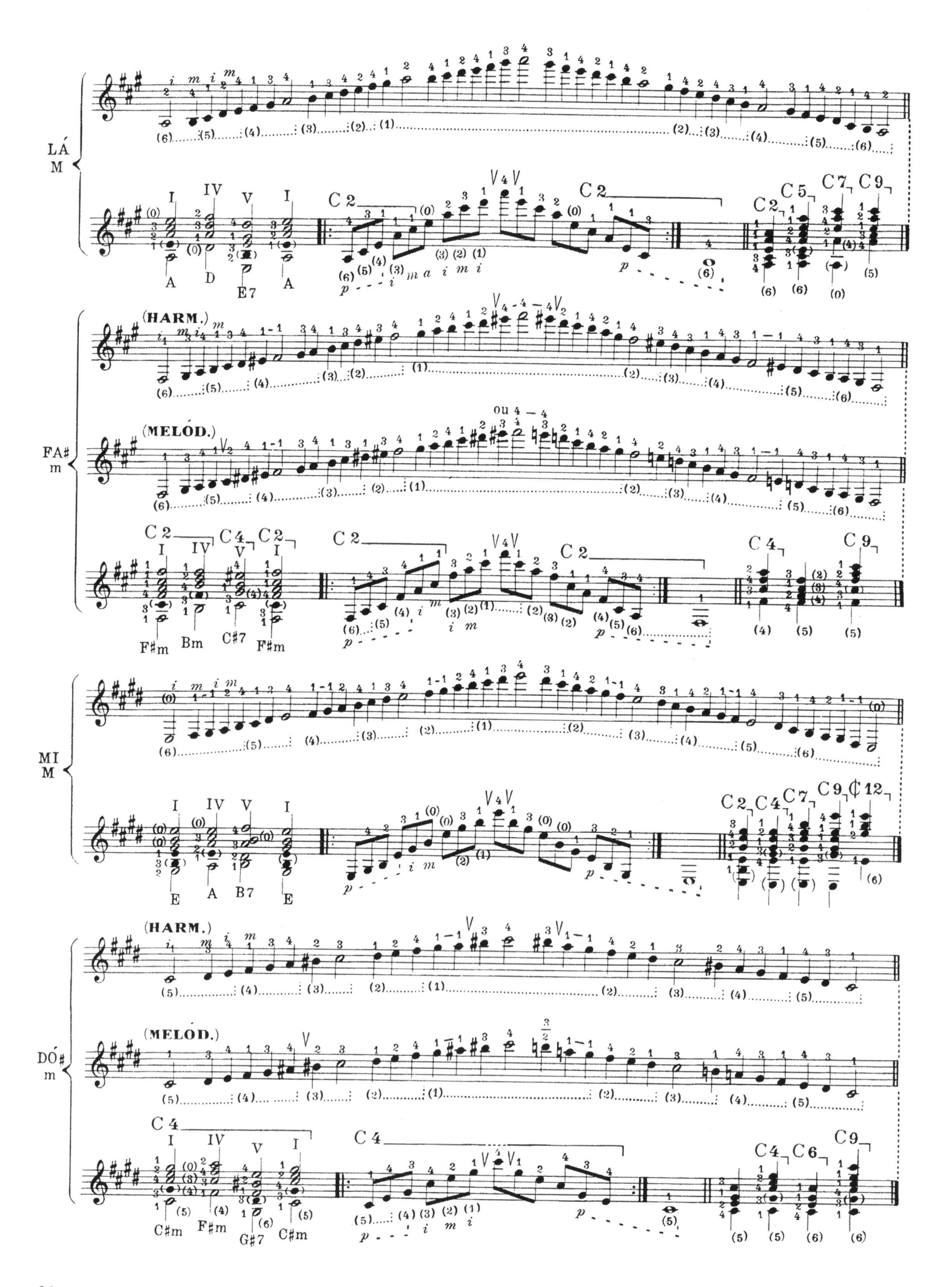

(Enarmônica de Dó♭ Maior)
SI
M
B
E
F#7
B
(Enarmônica de Lá♭ menor)
(HARM.)
(MELÓD.)
SOL#
m
G#m
C#m
D#7
G#m
FÁ
M
F
B♭
C7
F
(HARM.)
(MELÓD.)
RÉ
m
Dm
Gm
A7
Dm

SI♭ M
C 1
I IV V I
B♭ E♭ F7 B♭
C 3
C 6
SOL m
(HARM.)
(MELÓD.)
ou
C 3
I IV V I
Gm Cm D7 Gm
C 5
C 10
MI♭ M
C 1
I IV V I
E♭ A♭ B♭7 E♭
C 3
C 6
C 8
DÓ m
(HARM.)
(MELÓD.)
C 3
I IV V I
Cm Fm G7 Cm
C 5
C 8
C 10

LÁ♭ M
C4 C6 C4
I IV V I
A♭ D♭ E♭7 A♭
C1 C8 C11
(HARM.)
(MELÓD.)
FÁ m
C1 C1 C1 C2
I IV V I
Fm B♭m C7 Fm
C3 C8 C10
(Enarmônica de Dó♯ Maior)
RÉ♭ M
C1 C2 C1 C6
I IV V I
D♭ G♭ A♭7 D♭
C4 C6 C10
(Enarmônica de Lá♯ menor)
(HARM.)
(MELÓD.)
SI♭ m
C1
I IV V I
B♭m E♭m F7 B♭m
C3 C6 C8

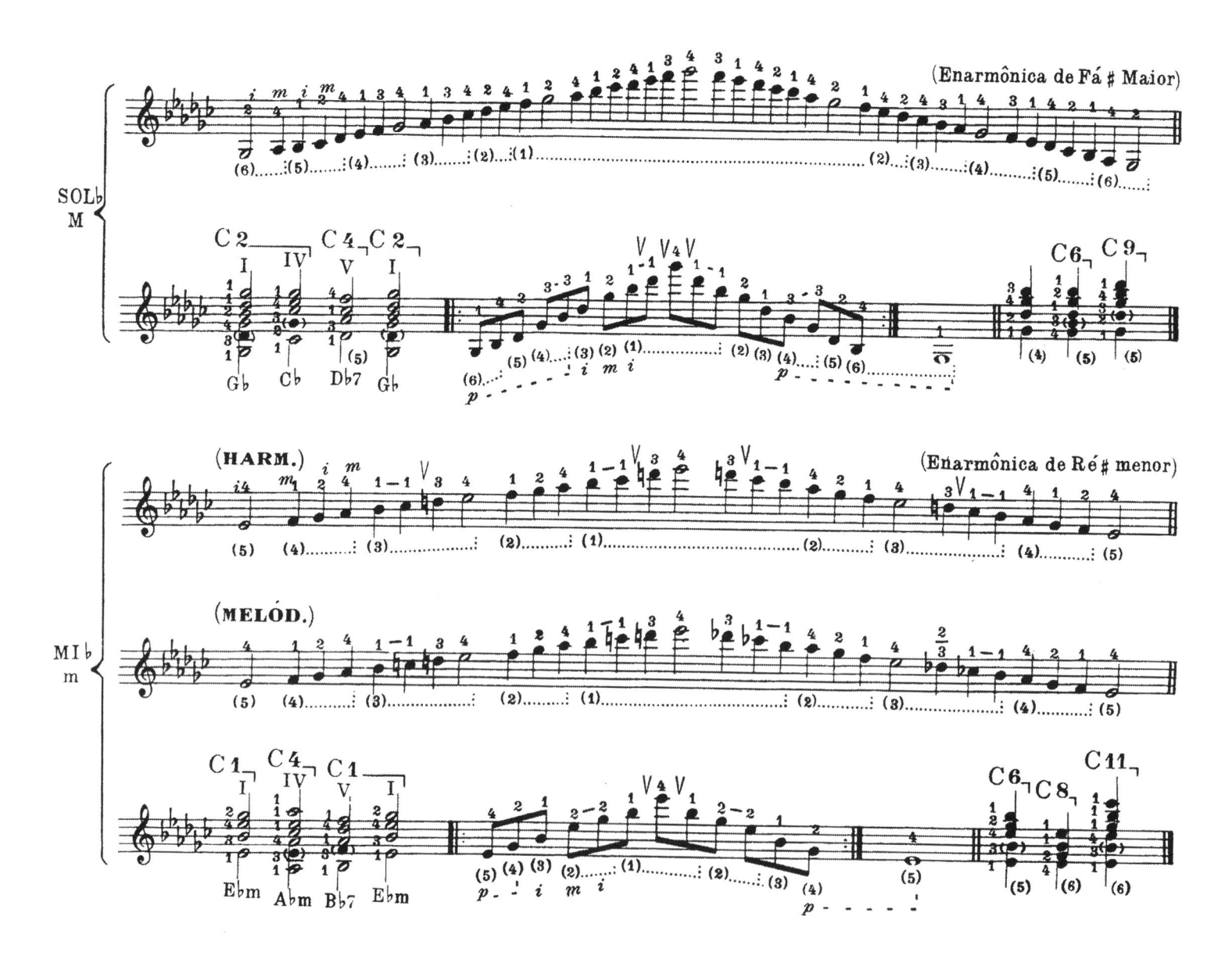

EXERCÍCIOS CROMÁTICOS
(EM TODA A EXTENSÃO DO VIOLÃO)

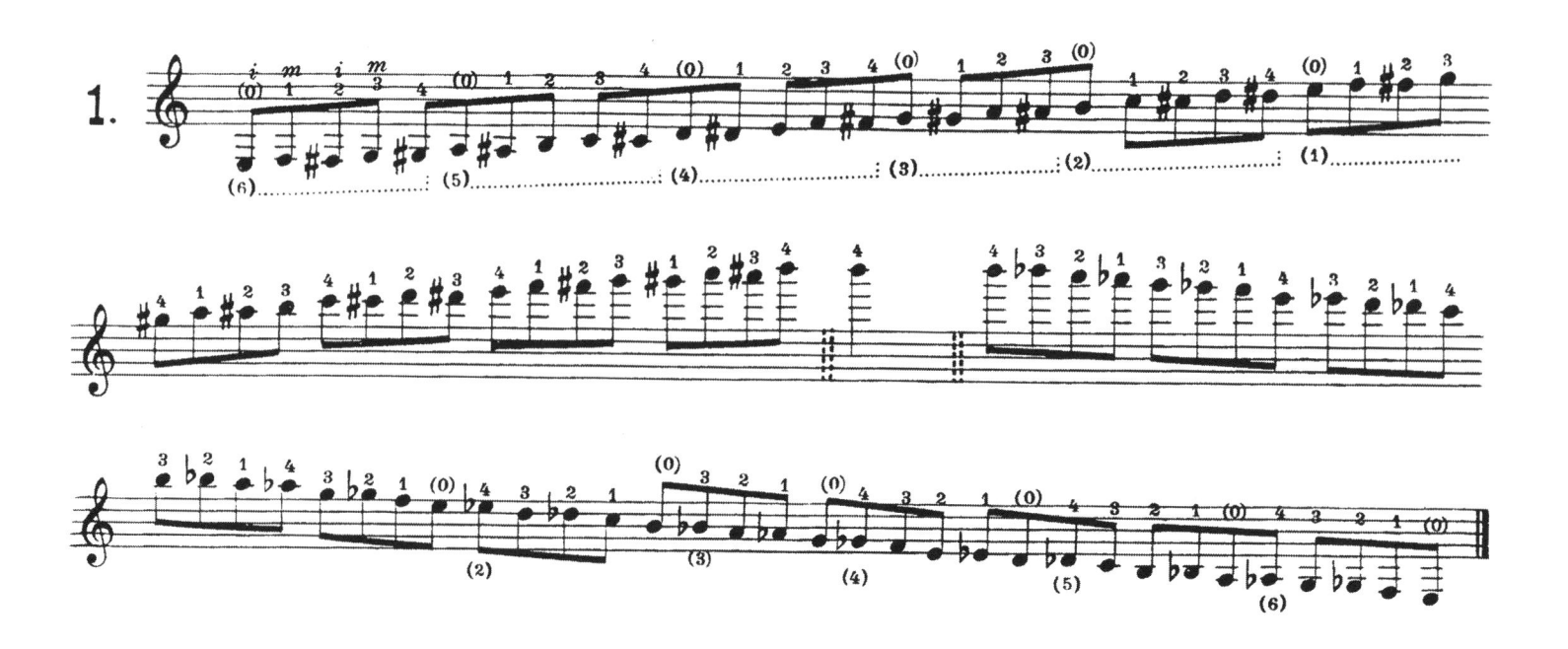

ASCENDENTE E DESCENDENTE EM CADA CORDA

ASCENDENTE E DESCENDENTE COM MUDANÇA DE CORDA

V — Este sinal indica os pontos de maior abertura dos dedos.

3

ARPEJOS EM PESTANA (Exemplos)

NOTA - Para maior proveito, cada exercício desta série deverá ser repetido avançando-se a pestana por semitons, isto é, para a 2ª, 3ª, 4ª casa, *etc*. Nas primeiras práticas, segue-se até 5ª casa e volta-se ao ponto de partida; posteriormente o aluno deverá atingir a 10ª casa e voltar também por semitons a posição inicial.

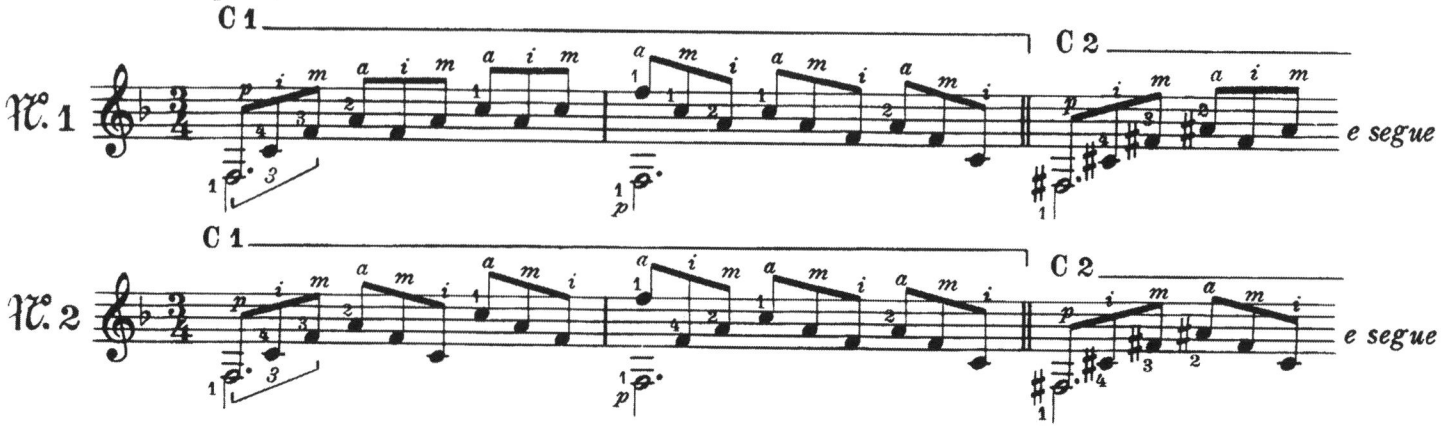

Nº 1 *e segue*

Nº 2 *e segue*

Nº 3
C 1
C 2
p i m a p i m a p i m a
a m i p a m i p a m i p
p i m a
e segue
Nº 4
EM FORMA
DE TREMULO
C 1
C 2
p a m i p a m i p a m i p a m i
p a m i
e segue
Nº 5
C 1
C 2
p i a m p i a m p i a m
p i a m
e segue
Nº 6
C 1
C 2
p a i m p a i m p a i m
p a i m
e segue
Nº 7
C 1
C 2
p i m a p i m a p i m a p i m a
p i m a
e segue
Nº 8
C 1
C 2
p i m a p i m a p i m a p i m a
p i m a
e segue
Nº 9
C 1
C 2
p a m i p a m i p a m i
p a m i
e segue
Nº 10
C 1
C 2
p a m i p a m i p a m i
p a m i
e segue

ESCALAS EM 3ᵃˢ, 6ᵃˢ, 8ᵃˢ e 10ᵃˢ (exemplos)
DIATÔNICAS

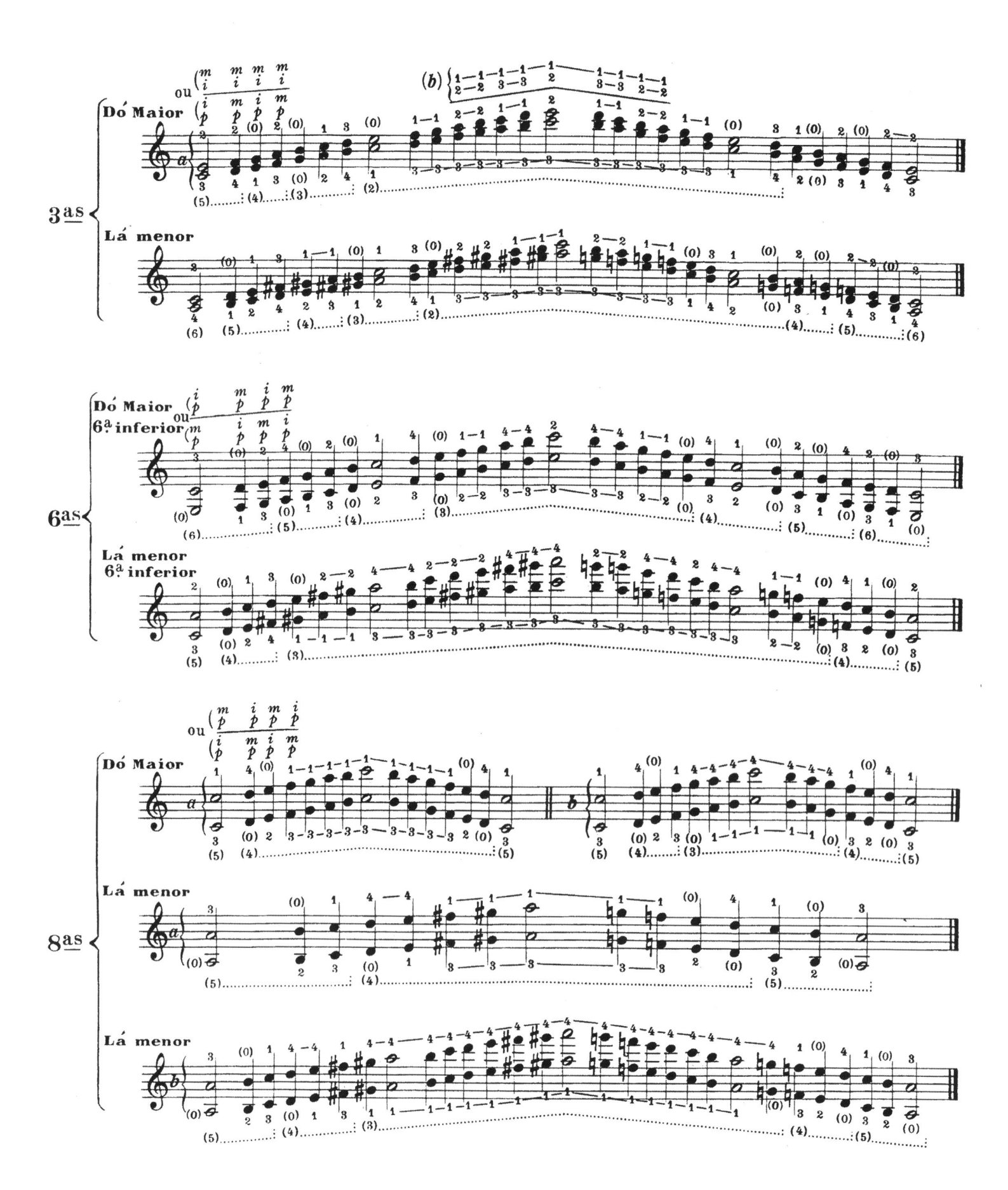

CROMÁTICAS

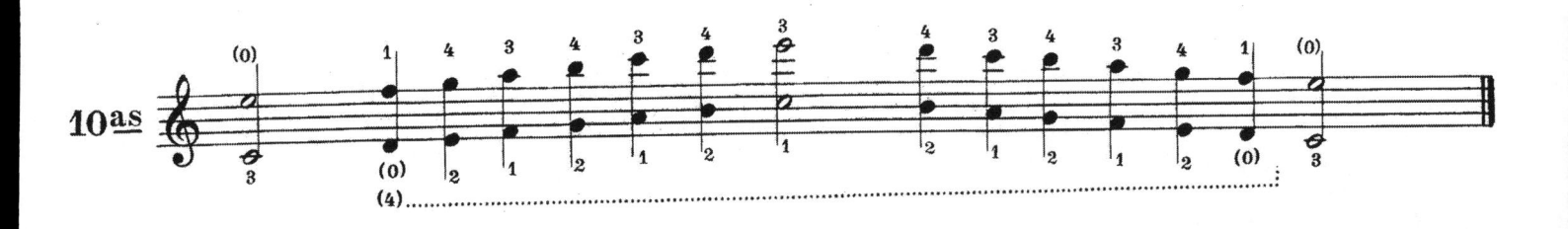

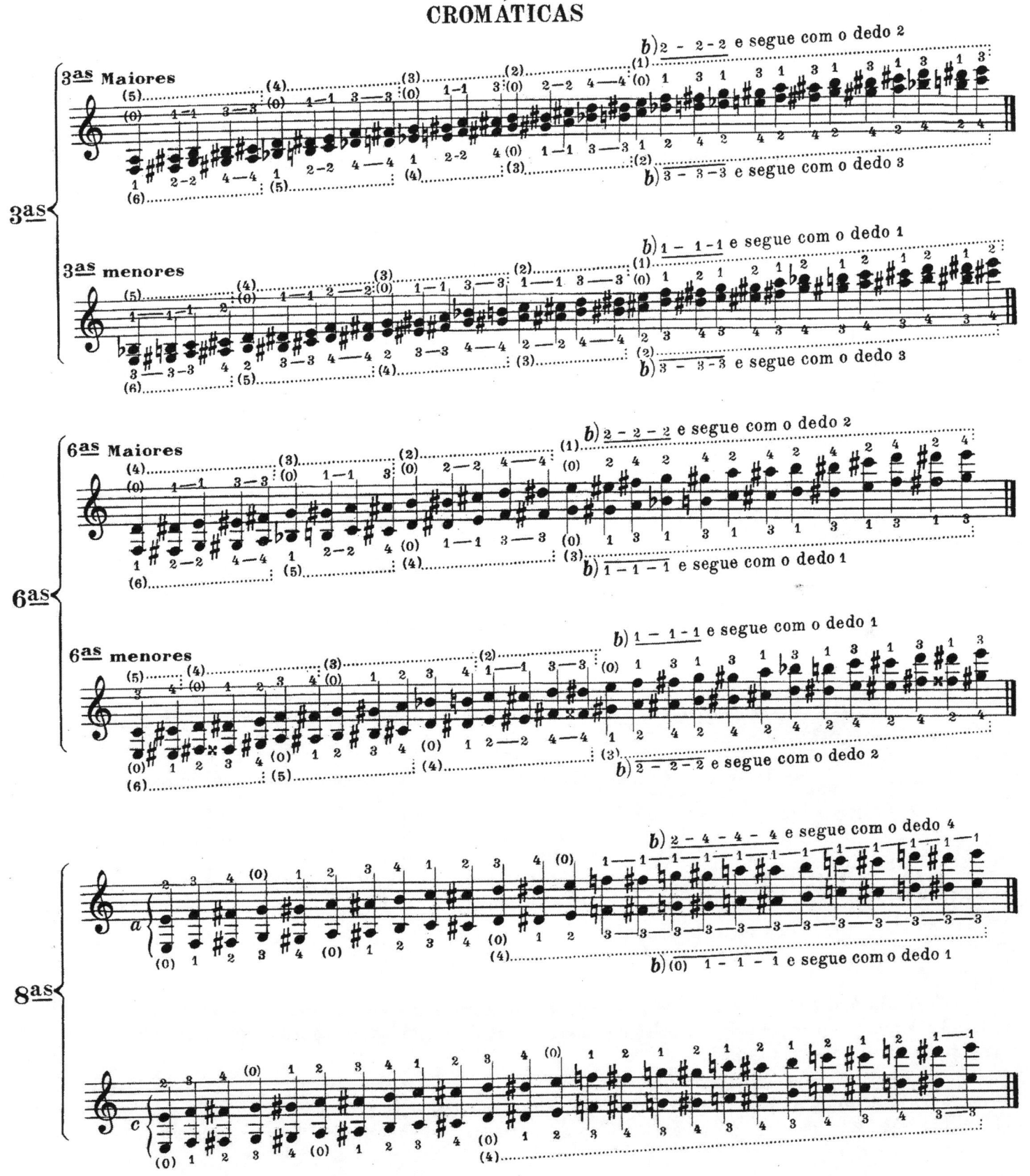

Dos "ORNAMENTOS"
(E SUAS EXECUÇÕES AO VIOLÃO)

Ornamentos — São notas estranhas ao desenho melódico propriamente dito, mas que lhe são acrescentados para dar maior beleza e graça.

São representados por pequenas notas (em miniaturas) ou sinais convencionais que se colocam próximos às notas reais da melodia.

Os Ornamentos de uso mais comuns são: Portamento, Apogiatura, Mordente, Grupeto, Floreio, Trinado e Arpejo.

PORTAMENTO
(OU ARRASTRE)

O Portamento, no Violão, mais comumente chamado "Arrastre", é um dos ornamentos de mais belo efeito, sendo por isso muito usado.

Consiste basicamente, em deslizar um ou mais dedos da mão esquerda nas cordas, de uma nota a outra, provocando, em alguns casos, a antecipação da nota real. Assim dizemos, porque no Violão temos várias modalidades distintas de Arrastre.

Exemplos mais comuns:

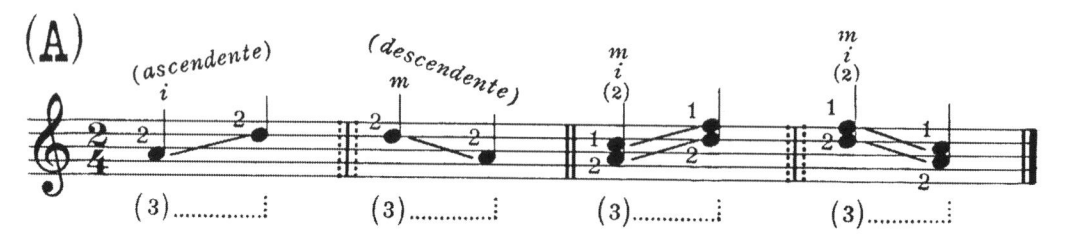

Execução Prática — Tocam-se normalmente as primeiras notas, em seguida desliza-se firme, sem levantar os dedos das cordas, até o lugar das notas seguintes, provocando os seus sons somente com o movimento do Arrastre (sem usar a mão direita).

Observação: Este Arrastre pode ser feito até com acordes que usem as seis cordas. (Os valores de duração das notas serão normais).

COM ANTECIPAÇÃO DA NOTA REAL

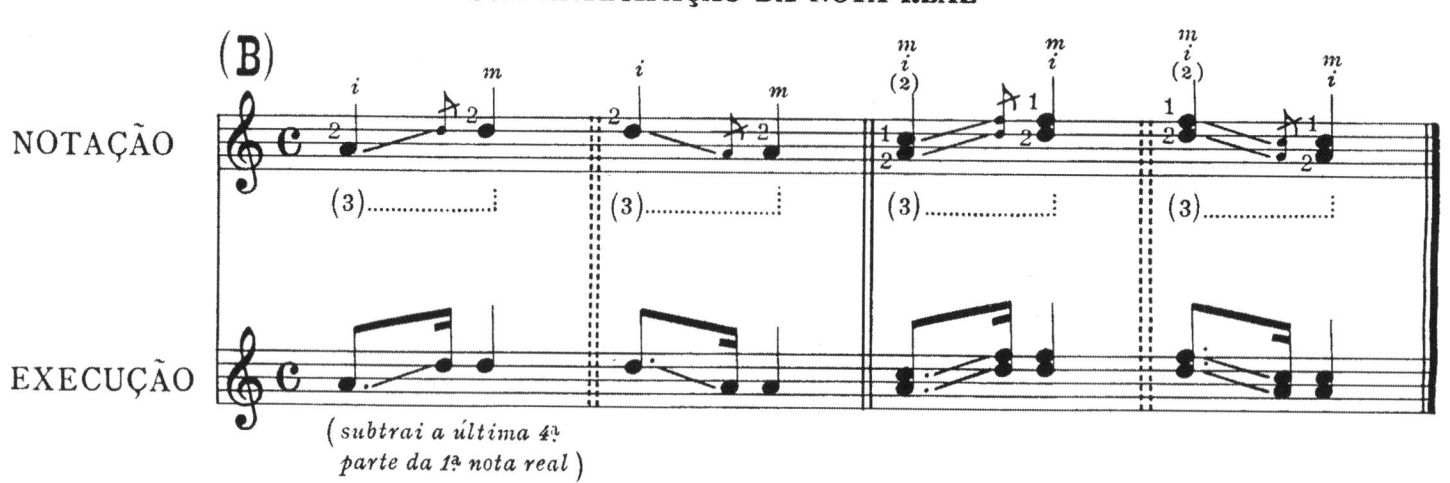

Execução Prática — Tocam-se normalmente as primeiras notas, em seguida desliza-se firme sem levantar os dedos das cordas até o lugar indicado pelas notinhas; depois do efeito do Arrastre, tocam-se rapidamente as notas reais com o auxílio da mão direita.

Observação: Este Arrastre também pode ser feito até com acordes que usem as seis cordas. (O valor do Arrastre é subtraído da primeira nota real e poderá variar — para mais ou para menos — de acordo com o andamento do trecho musical. Se a nota real tiver mais de um tempo, a ela pertencerá o valor excedente).

ARRASTRE-LIGADO
(OU COMBINADO)

(C) — NA MESMA CORDA —

NOTAÇÃO

EXECUÇÃO

(ocupa a última 4ª parte da 1ª nota real)

Execução Prática — Toca-se normalmente a primeira nota real, desliza-se firme o dedo até o lugar indicado pela notinha e, em seguida, executa-se rapidamente o ligado para a segunda nota real.

Observação: Existem ainda outros casos de Arrastres, mas são apenas pequenas variações dos exemplos aqui apresentados, além de serem raramente usados. (Se a nota real tiver mais de um tempo, a ela pertencerá o valor excedente).

APOGIATURA

A Apogiatura é formada de uma ou duas pequenas notas que antecedem a nota real, e com esta mantêm a distância de 2.ª maior ou menor (tom ou semi-tom diatônico).

A Apogiatura pode ser: SUPERIOR ou INFERIOR $\begin{cases} \text{Simples (1 nota)} \rightarrow \begin{cases} \text{Breve ou Longa} \end{cases} \\ \text{Duplas (2 notas)} \end{cases}$

APOGIATURAS SIMPLES

Exemplos de Apogiaturas *Breves*

(SUPERIOR)   (INFERIOR)

NOTAÇÃO

Em andamentos rápidos

EXECUÇÃO

(ocupa a 1ª quarta parte da nota real)

Execução Prática — Toca-se a notinha da apogiatura e efetua-se rapidamente o ligado para a nota real.

Exemplos de Apogiaturas *Longas*

NOTAÇÃO

Em andamentos rápidos

(nota real pontuada)

EXECUÇÃO

(ocupa a 1ª metade da nota real)

Execução Prática — Toca-se a notinha da apogiatura e efetua-se normalmente o ligado para a nota real.

APOGIATURAS DUPLAS

Execução Prática — Toca-se a primeira notinha, rapidamente efetua-se o ligado para a segunda e daí para a nota real.

Observações: Quando as Apogiaturas estão sobre um *baixo* ou *acorde*, estes serão executados juntos com a primeira nota da apogiatura. (Em andamentos Moderados e Lentos, os valores subtraídos da nota real serão respectivamente menores — 8.ª parte, 16.ª parte. Se a nota real tiver mais de um tempo, a ela pertencerá o valor excedente).

MORDENTE

O Mordente é constituído de duas notas; a primeira nota é igual à nota real, e a segunda nota formará uma 2.ª maior ou menor — acima ou abaixo da nota real.

O Mordente pode ser:
- SUPERIOR — Quando a segunda nota for superior à nota real. É indicado com notinhas ou com o sinal ⁓
- INFERIOR — Quando a segunda nota for inferior à nota real. É indicado com notinhas ou com o sinal ⁓

Nota: (Se a segunda nota do Mordente (Superior Inferior) for alterada, a alteração deverá constar, respectivamente, acima ou abaixo do sinal do Mordente).

Execução Prática — Idêntica a da Apogiatura dupla, (Vide logo acima nesta página).

Execução Prática — Tocam-se as duas notas simultâneas e em seguida efetua-se, sobre a nota superior, os ligados das notas seguintes.

Observação: Existem outros casos de Mordentes, por exemplo — com notas duplas afastadas ou sobre acordes, mas são apenas variações dos exemplos dados acima. (O valor do Mordente é subtraído da nota real como na apogitura dupla).

GRUPETO

O Grupeto é constituído por um grupo de três ou quatro notas dispostas por graus conjuntos (notas sucessivas), sem ultrapassar de 2.ª maior ou menor (tom ou semiton diatônico) à nota real.

O Grupeto pode ser:
- SUPERIOR — Quando a primeira nota for superior à nota real; é indicado com notinhas ou com o sinal ∾
- INFERIOR — Quando a primeira nota for inferior à nota real; é indicado com notinhas ou com o sinal ∾

Nota: (Se a nota superior ou inferior à nota real for alterada, a alteração deverá constar acima ou abaixo do sinal do Grupeto).

Exemplos de Grupetos:

Este grupeto ocupa a 1ª metade da nota real.   *Este grupeto ocupa a 2ª metade da 1ª nota real.*

Execução Prática — Toca-se a primeira nota e, de acordo com o caso, prossegue-se efetuando os ligados das notas seguintes.

Observação: Nos casos em que o Grupeto esteja sobre um *baixo* ou *acorde*, estes serão executados juntos com a primeira nota do grupeto.

FLOREIO

O Floreio pode ser de uma ou mais notas, cuja quantidade não é determinada.

Quando é constituído apenas de uma nota, diferencia-se da Apogiatura simples por não ser de 2.ª maior ou menor o seu intervalo com a nota real.

Exemplos de Floreio:

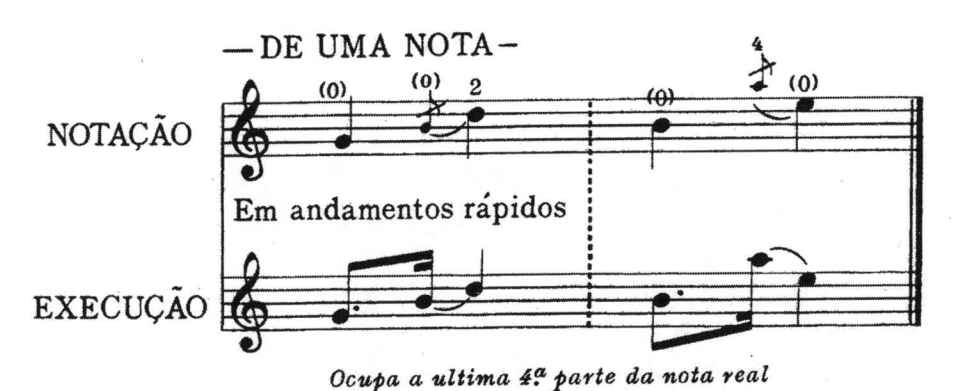

Ocupa a última 4ª parte da nota real

Execução Prática — Iguais as apogiaturas simples. (Vide pág. 75).

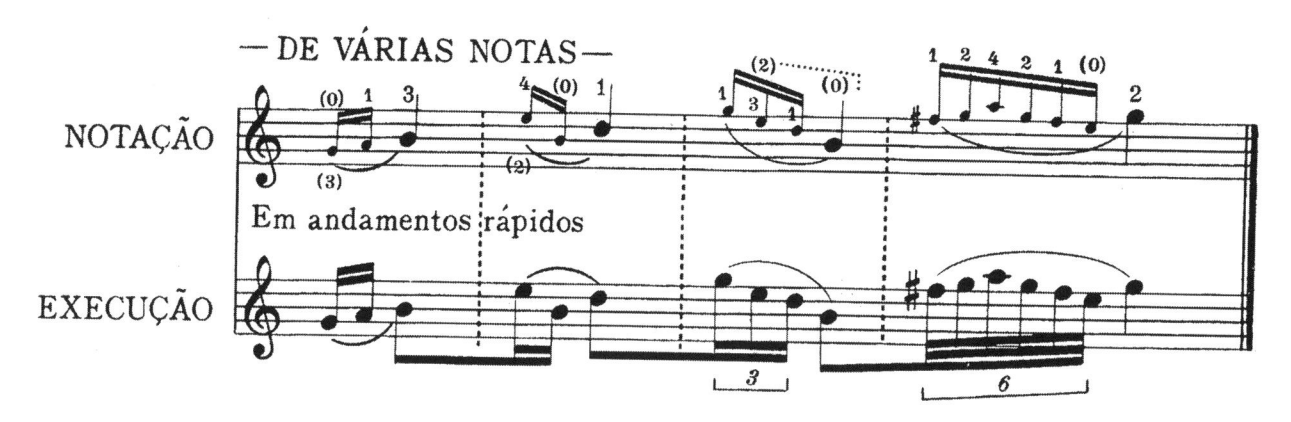

— DE VÁRIAS NOTAS —

Execução Prática — Iguais aos Grupetos. Vide pág. 77).

Observações: (O valor das notas do Floreio é subtraido da nota real que o precede e varia de acordo com o andamento. Quando o Floreio inicia um trecho musical, ele pode ser executado como se fosse uma Anacrusa; ou então, como recomendam alguns autores, na primeira metade ou quarta parte da nota real a que está ligado).

TRINADO

O Trinado consiste na execução rápida e alternada de duas notas sucessivas (graus conjuntos).

A indicação do Trinado é feita abreviada pelas letra *tr* ou assim — *tr*~~~~~~

Normalmente o Trinado começa pela nota real, mas, às vezes, ele se inicia por uma nota imediatamente superior ou inferior; neste caso, a nota inicial será escrita em forma de uma Apogiatura *breve* antes da nota real.

Há também Trinados que têm terminação diferente da que seria normal; quando isto acontece, a terminação desejada pelo autor é indicada por meio de notinhas no fim do sinal de Trinado, antes da última nota real.

Alguns exemplos de Trinado:

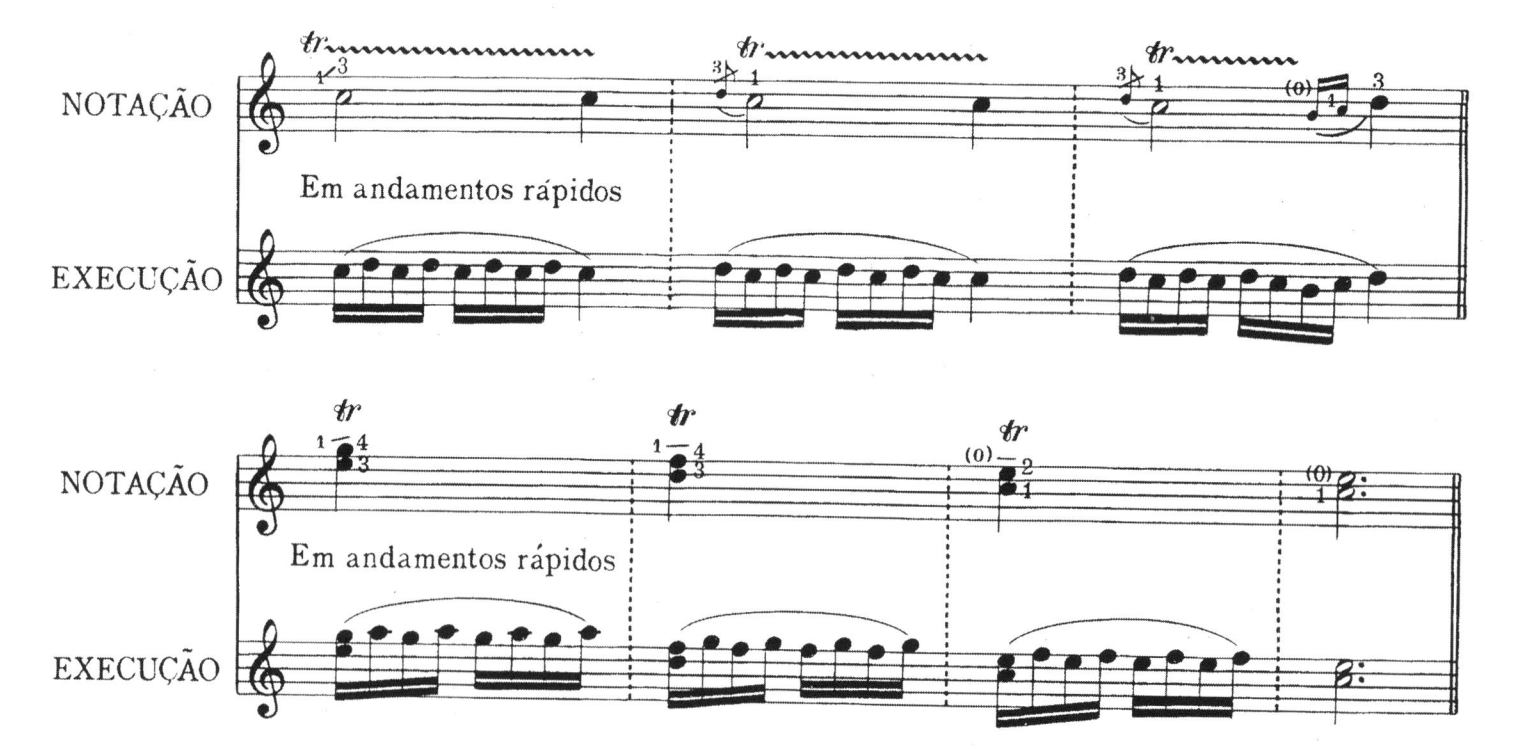

Execução Prática — Toca-se a primeira nota e rapidamente prossegue-se executando as notas seguintes por meio de ligados sucessivos até completar o Trinado.

Observação: (Para andamentos lentos, a execução será mais rápida, o que possibilita aumentar a quantidade de notas no Trinado).

ARPEJO
(ACORDE ARPEJADO)

Consiste em executar as notas de um acorde de modo sucessivo e rápido.

Normalmente, ele é iniciado pela nota mais grave do acorde, mas no Violão, muitas vezes, é empregado em sentido contrário, como por exemplo na execução de "Rasgueados".

Embora a execução de Acordes Arpejados tenha sido tratada no 1.º Volume (páginas 32 e 33), seguem-se aqui mais alguns exemplos.

O sinal comum de Arpejo é apenas uma linha ondulada verticalmente, mas, para facilitar o entendimento, vamos indicar também, o sentido no qual ele deve ser feito, por meio de pequenas setas, assim:

↑ no sentido da 6.ª para a 1.ª corda   ↓ no sentido da 1.ª para a 6.ª corda

Exemplos de Arpejos mais comuns:

Execução Prática — Toca-se a primeira nota e, de modo sucessivo e rápido, executam-se as notas seguintes (sem interrupção).

Alguns exemplos em forma de Rasgueados:

RASGUEADOS SIMPLES

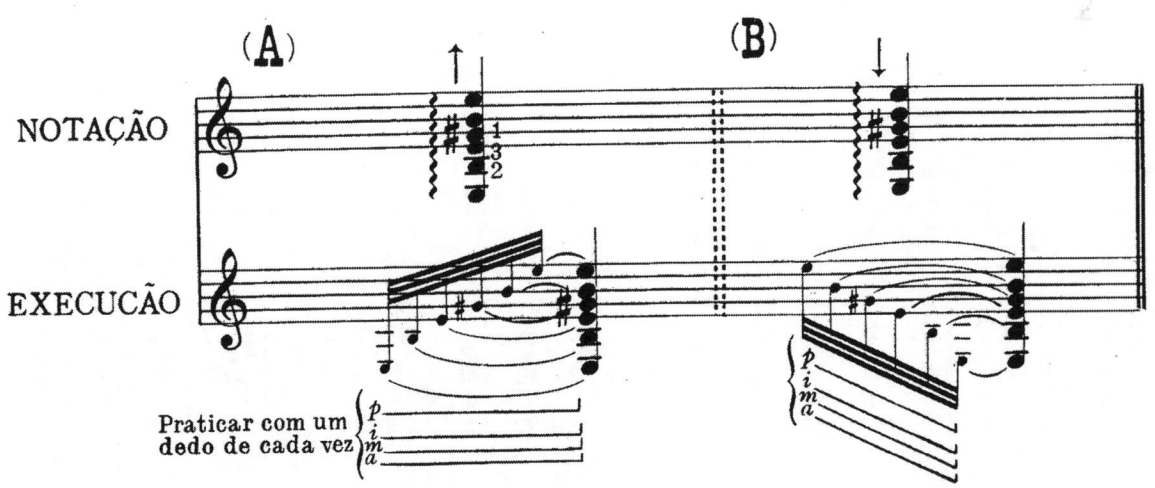

Como Executar — Desliza-se rapidamente um dos dedos da mão direita, da 6.ª para a 1.ª corda. Neste sentido, os dedos — i, m, a — deslizam na parte de cima (ou externa) da unha.

Como Executar — Desliza-se rapidamente um dos dedos da mão direita, da 1.ª para a 6.ª corda. Neste sentido, o polegar desliza na parte de cima (ou externa) da unha.

Nota: Os exemplos que se seguem, de efeito muito especial no Violão, são entretanto de difícil representação escrita, principalmente as suas notações abreviadas. Por isso, usamos aqui aquelas que achamos mais aproximadas e que são também adotadas por alguns autores.

RASGUEADOS COMPOSTOS

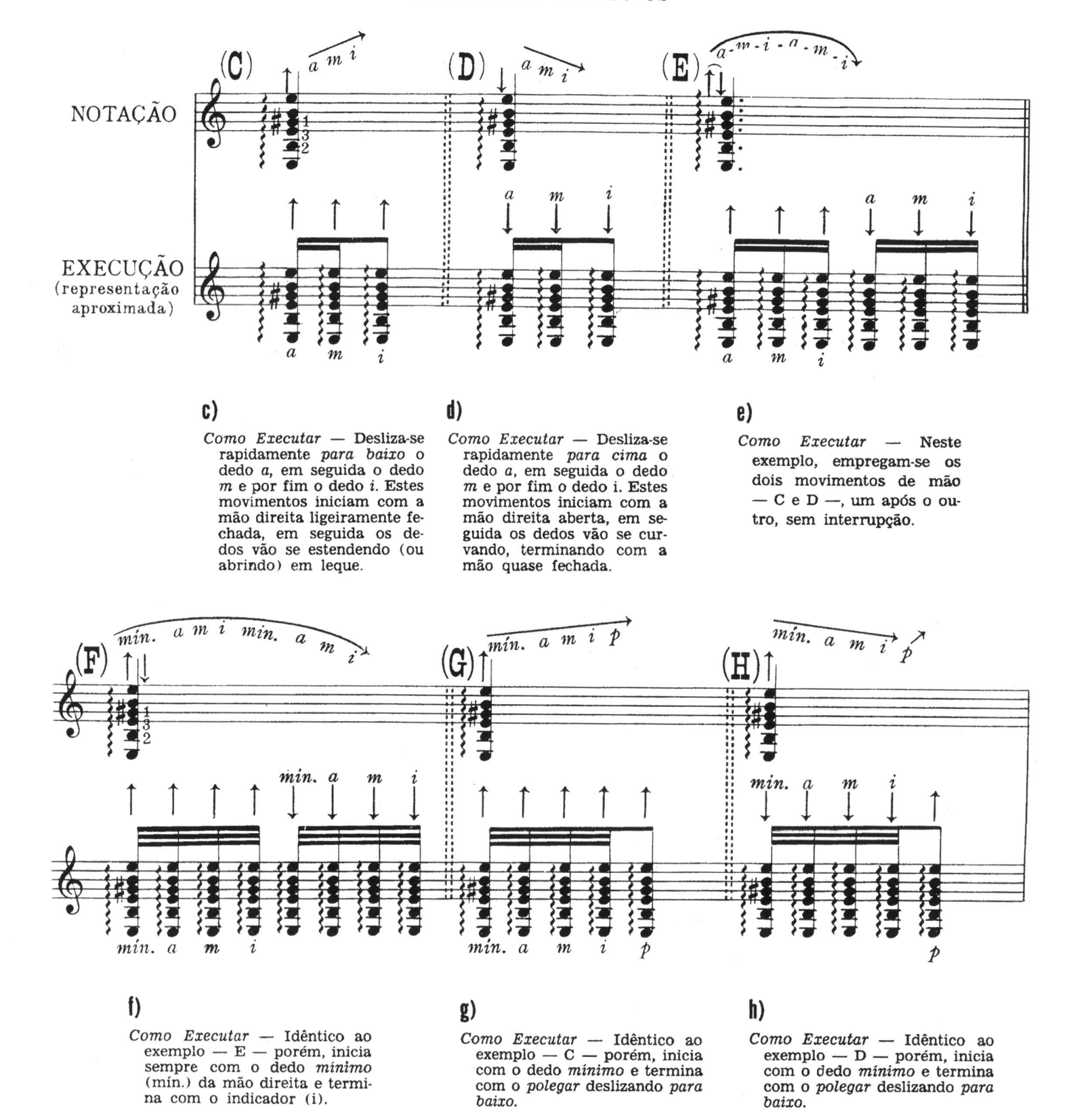

c)
Como Executar — Desliza-se rapidamente *para baixo* o dedo *a*, em seguida o dedo *m* e por fim o dedo *i*. Estes movimentos iniciam com a mão direita ligeiramente fechada, em seguida os dedos vão se estendendo (ou abrindo) em leque.

d)
Como Executar — Desliza-se rapidamente *para cima* o dedo *a*, em seguida o dedo *m* e por fim o dedo *i*. Estes movimentos iniciam com a mão direita aberta, em seguida os dedos vão se curvando, terminando com a mão quase fechada.

e)
Como Executar — Neste exemplo, empregam-se os dois movimentos de mão — C e D —, um após o outro, sem interrupção.

f)
Como Executar — Idêntico ao exemplo — E — porém, inicia sempre com o dedo *mínimo* (mín.) da mão direita e termina com o indicador (i).

g)
Como Executar — Idêntico ao exemplo — C — porém, inicia com o dedo *mínimo* e termina com o *polegar* deslizando *para baixo*.

h)
Como Executar — Idêntico ao exemplo — D — porém, inicia com o dedo *mínimo* e termina com o *polegar* deslizando *para baixo*.

Observação: Pode-se conseguir ainda inúmeras outras modalidades de Rasgueados, variando-se a quantidade de acordes, de ritmos e de dedilhação.

TRÊMULO
(COMO EFEITO USADO NO VIOLÃO)

O Trêmulo consiste em fazerem-se rápidas repetições da mesma nota com os dedos da mão direita. Em geral ele é feito sobre a nota mais aguda, enquanto o polegar executa, normalmente (sem trêmulo), a nota mais grave. O canto ou melodia pode estar na parte superior ou nos baixos.

São inúmeras as modalidades de Trêmulo, assim como os respectivos dedilhados. Damos a seguir alguns exemplos, sendo que os dedilhados assinalados com a letra (*a*) são os mais práticos e usados; os outros, entretanto, também deverão ser praticados como exercício e para conhecimento de outras dedilhações.

EXEMPLOS DE TRÊMULO:

PRATICAR OS EXEMPLOS SEGUINTES SOBRE OS TRECHOS DOS Nºs 1 e 2

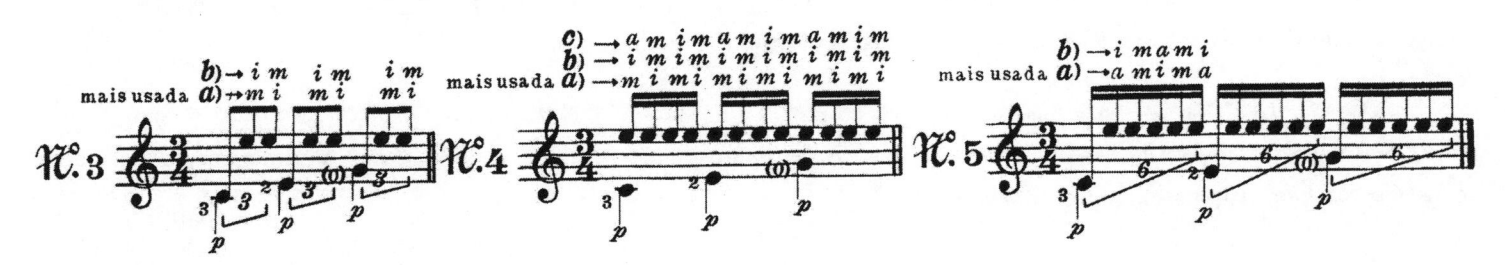

SONS HARMÔNICOS

No Violão obtém-se também, um som de efeito e timbre muito especial, que é denominado — Som Harmônico.

Divide-se em dois tipos — Simples (ou Naturais) e Oitavados (ou Artificiais), embora resultem sempre uma oitava acima de como são escritos, que é a maneira usada pela maioria dos autores.

Cada tipo de Som Harmônico tem o seu modo especial de ser produzido, o que será explicado separadamente a seguir.

SONS HARMÔNICOS SIMPLES (ou Naturais)

Os Sons Harmônicos Simples são aqueles que se fazem somente em cordas soltas.

Encontram-se ou são obtidos sobre os seguintes trastos — 3.º, 4.º, 5.º, 7.º, 9.º e 12.º, porém, os de maior nitidez são os do 5.º, 7.º, 9.º e 12.º trastos.

Observações: Os Sons Harmônicos do 4.º trasto são idênticos aos do 9.º trasto, podendo ainda serem encontrados sobre o 16.º.

Os Sons Harmônicos do 5.º trasto correspondem aos do 12.º trasto, porém uma oitava acima.

Os Sons Harmônicos do 7.º trasto podem também serem encontrados sobre o 19.º trasto.

A pouca nitidez dos Sons Harmônicos feitos sobre os 3.º e 4.º trastos, é notada, naturalmente, nos instrumentos inferiores; pode-se entretanto, com habilidade, melhorar ou conseguir sons bem razoáveis nestes trastos usando os seguintes recursos: o harmônico do 3.º será praticado um pouco abaixo do respectivo trasto; o harmônico do 4.º um pouco acima do seu trasto.

COMO PRODUZIR OS SONS HARMÔNICOS SIMPLES

1.º) Encoste levemente, sem comprimir, um dedo da mão esquerda (estendido) sobre uma ou mais cordas, exatamente em cima de um dos trastos citados para sons harmônicos, por exemplo — do 12.º trasto.

2.º) Dedilhe firme com a mão direita a corda ou cordas em que deseja o som harmônico; logo em seguida retire o dedo da mão esquerda da corda, para não prejudicar as vibrações.

Nota: Existem várias maneiras de se escreverem os Sons Harmônicos, mas, para facilitar o seu estudo, preferimos adotar a escrita mais comum, a qual é explicada com bastante detalhes nas páginas seguintes, onde constam também alguns exemplos práticos.

QUADROS DEMONSTRATIVOS DOS SONS HARMÔNICOS SIMPLES (ou Naturais)
(ATÉ O 12.º TRASTO)

Nota: Para facilitar a aprendizagem destes sons harmônicos, o aluno poderá executar as notas dos quadros abaixo, a título de exercício.

QUADRO MOSTRANDO OS SONS HARMÔNICOS NO SENTIDO DAS CORDAS

QUADRO MOSTRANDO OS SONS HARMÔNICOS NO SENTIDO DOS TRASTOS

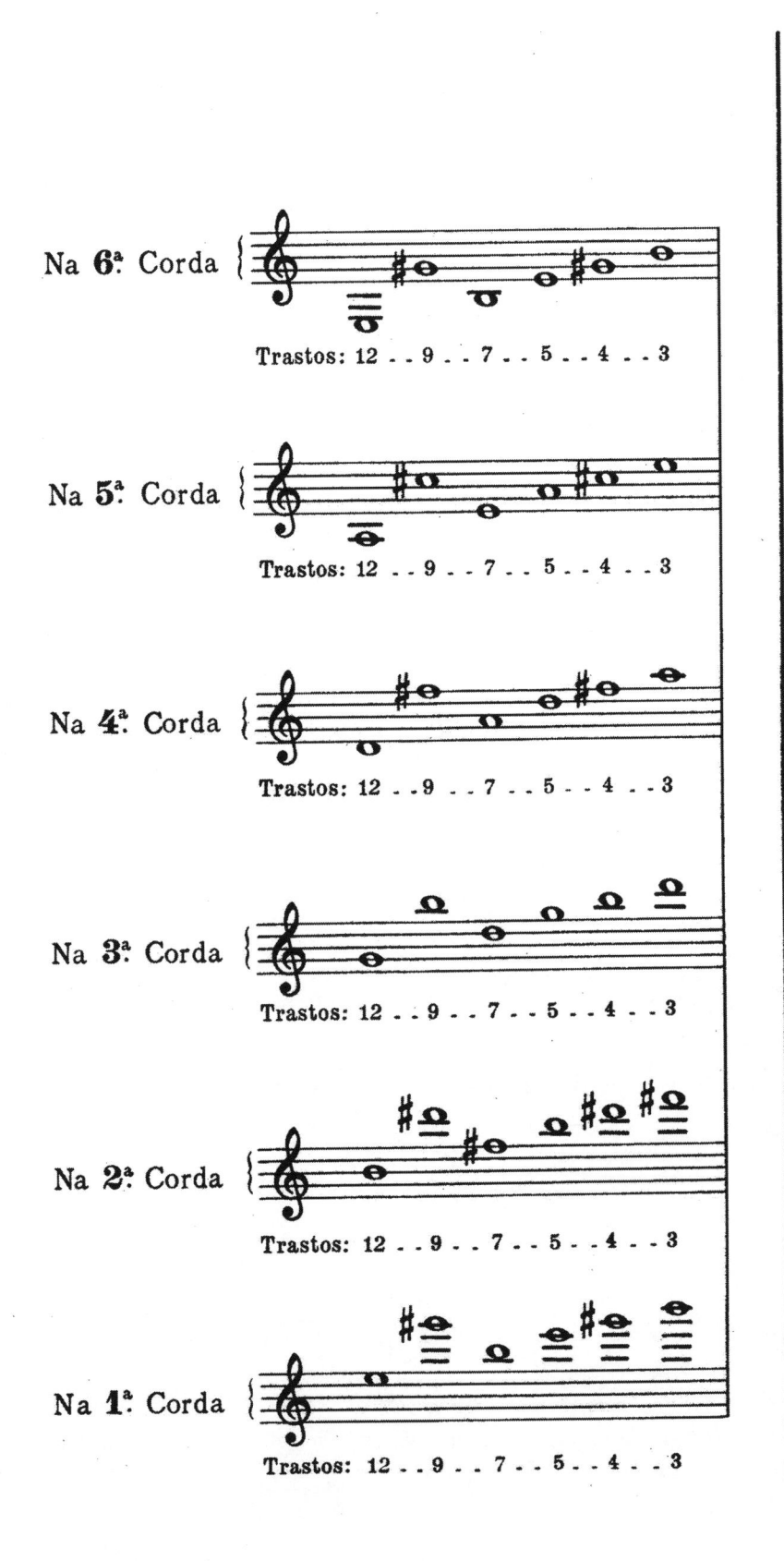

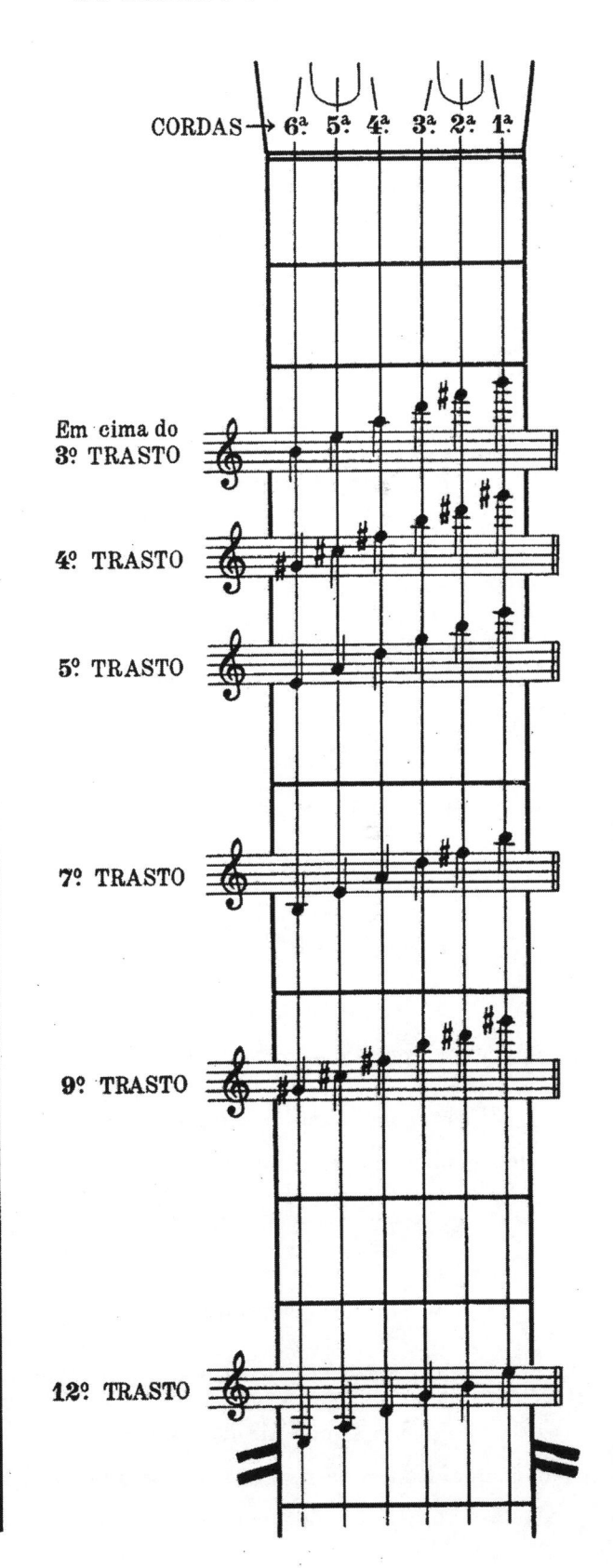

Os Sons Harmônicos Simples (ou Naturais) podem ser escritos de dois modos, como mostram os exemplos seguintes:

(A) HARMÔNICOS SIMPLES { Com as notas que realmente são produzidas (escritas 8.ª abaixo).
Os números de cima indicam os trastos.
Os números entre parêntesis indicam as cordas.

o mesmo efeito

(B) HARMÔNICOS SIMPLES { Os números de cima indicam os trastos.
As notas indicam apenas as cordas.

SONS HARMÔNICOS OITAVADOS (ou Artificiais)

São assim chamados, porque por seu intermédio pode-se reproduzir a uma oitava acima, tanto as notas em cordas soltas como as que são feitas normalmente pela mão esquerda.

Como produzí-los em cordas soltas:

a) encoste levemente, sem comprimir, a ponta do dedo indicador da mão direita (estendido) sobre uma corda; por exemplo — na 1.ª corda, bem em cima do 12.º trasto;

b) com o anular ou o polegar, também da mão direita, dedilhe firme esta corda e em seguida retire, logo, o dedo indicador, para não prejudicar as vibrações.

Como produzí-los sobre notas feitas pela mão esquerda:

a) prenda com a mão esquerda, por exemplo — a nota *FÁ* na 1.ª casa da 1.ª corda;

b) com a mão direita, proceda como nos itens *a* e *b* para cordas soltas, sendo que agora, a ponta do dedo indicador desta mão deverá ser colocado sobre o 13.º trasto, no qual se obtém o harmônico oitavado correspondente a esta nota *FÁ*. (Para melhor som, é aconselhável manter o dedo anular bem afastado do indicador).

Conclui-se, então, que: — de acordo com a nota que for feita pela mão esquerda, a mão direita se movimentará, para que a ponta do seu dedo indicador possa localizar-se na corda e no trasto correspondente a oitava desta nota.

ALGUNS EXEMPLOS
(PODEM TAMBÉM SER PRATICADOS A TÍTULO DE EXERCÍCIOS)

EXEMPLO COM TRECHOS CROMÁTICOS

HARMÔNICOS OITAVADOS _ _ _ _ _ _ _ _ _ _ _ _ _ _ _ _

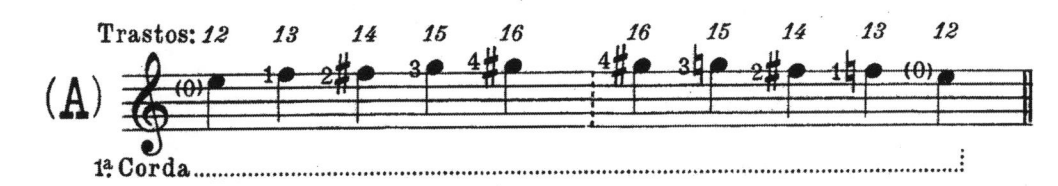

(A) Trastos: 12 13 14 15 16 16 15 14 13 12

1ª Corda

Repetir estes movimentos em todas as outras cordas.

HARMÔNICOS OITAVADOS _ _ _ _ _ _ _ _ _ _ segue _ _ _ _ _ _

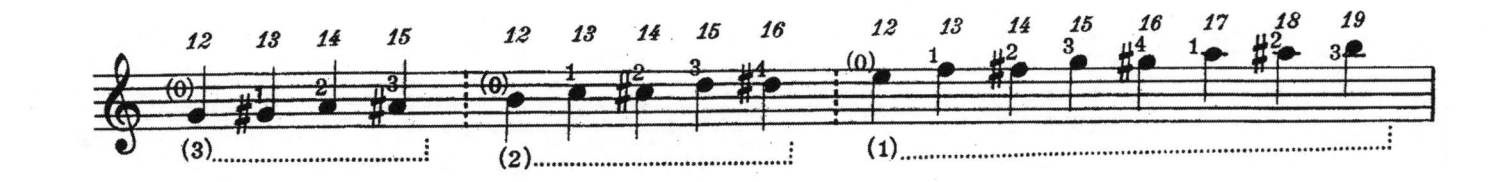

(B) Trastos: 12 13 14 15 16 12 13 14 15 16 12 13 14 15 16

(6) (5) (4)

12 13 14 15 12 13 14 15 16 12 13 14 15 16 17 18 19

(3) (2) (1)

POUCO USADOS
20 21 22 23 24

(1)

Pouco usados, mas podem ser obtidos na altura da boca do Violão — (já fora da escala trasteada).

EXEMPLO COM TRECHO DIATÔNICO

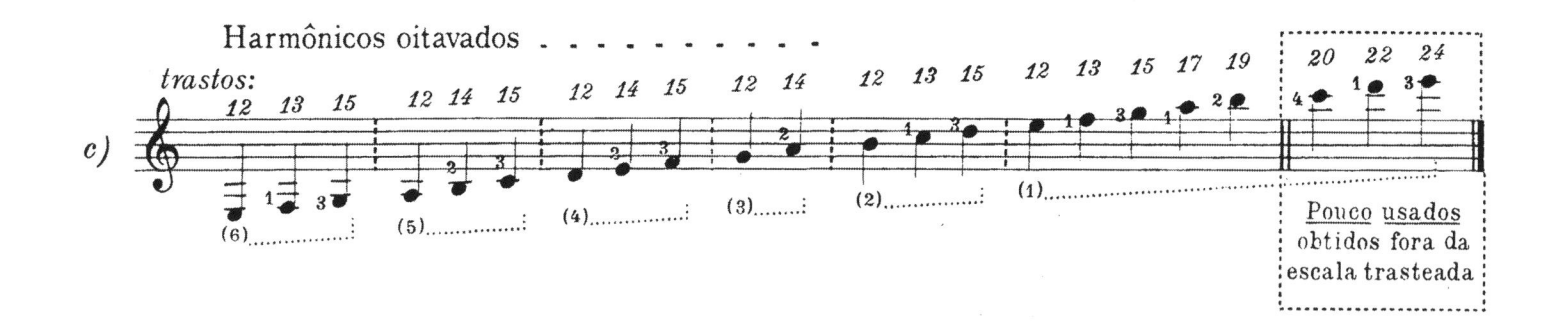

GREEN SLEEVES

(Canção popular Inglesa do tempo da Rainha Elizabeth I)

NOTA - *Para facilitar, execute antes normalmente (sem harmônicos).*

SONS APAGADOS
(OU SONS INTERROMPIDOS)

Para se produzir os "sons apagados", como são chamados no Violão, é necessário que se interrompam as vibrações da corda logo depois de ser tocada. Isto pode ser feito tanto em corda solta como em corda presa, e também de vários modos.

Por exemplo:

Em cordas soltas { Logo depois de tocar a corda (com a mão direita), coloque rapidamente o mesmo dedo ou outro próximo sobre a corda.

Em cordas presas
- Modo: *a*) Logo depois de tocar a corda, retire em seguida o dedo da mão esquerda, evitando porém movimentos bruscos.
- Modo: *b*) Logo depois de tocar a corda, relaxe a compressão feita pelo dedo da mão esquerda, sem entretanto desencostá-lo da corda.
- Modo: *c*) Como nos modos *a* e *b*, mas reforçando o abafamento com os dedos da mão direita (como em cordas soltas).

Em alguns casos, usa-se também colocar, rapidamente, a palma da mão direita sobre as cordas.

Nota: A prática destes sons pode ser feita usando-se os exercícios de "pizzicato" que constam nas páginas seguintes.

PIZZICATO

No Violão, o Pizzicato consiste em executar notas ou trechos, com sons cujas vibrações são de certo modo abafadas, produzindo um efeito muito semelhante ao pizzicato usado no violino e outros instrumentos de corda.

COMO PRODUZIR O PIZZICATO NO VIOLÃO

Para se conseguir o efeito de Pizzicato, apoia-se a borda (ou lado) da mão direita (onde está o dedo mínimo) sobre as cordas; isto deve ser feito bem encostado — quase em cima do rastilho ou pestana do cavalete. O dedo mínimo deverá permanecer estendido e a sua última falange ficará apoiada naturalmente sobre o tampo da caixa do Violão.

Observações: De acordo com o trecho, a mão direita poderá dedilhar normalmente, excluindo, entretanto, o dedo anular — cuja atuação fica bastante prejudicada pela posição da mão.

Sempre que for possível, deve-se executar o maior número de notas com o polegar, pois o efeito é bem melhor.

Antes de executar um trecho em Pizzicato, é aconselhável apurar bem a sua execução normal, isto é, sem Pizzicato — com a finalidade de, em primeiro lugar, preparar a mão esquerda — para em seguida acrescentar o efeito de Pizzicato.

ALGUNS EXEMPLOS PARA A PRÁTICA DO PIZZICATO

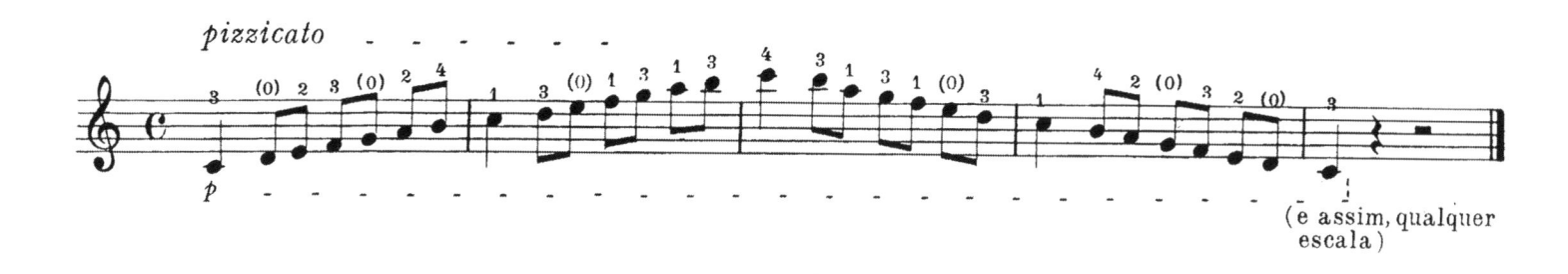

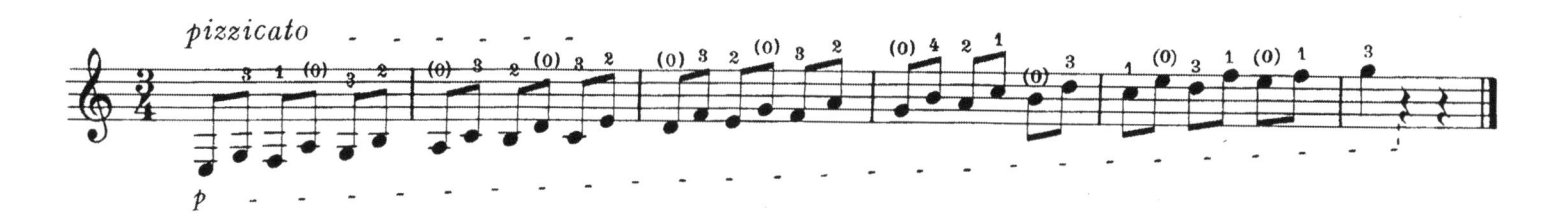

(e assim, qualquer escala)

Seguir até que o 3º dedo alcance a casa 11, por exemplo, e voltar ao ponto inicial, também por semitons.

(e assim, seguir avançando por semitons)

LE SECRET (trecho)

(Do "Intermezzo Pizzicato")

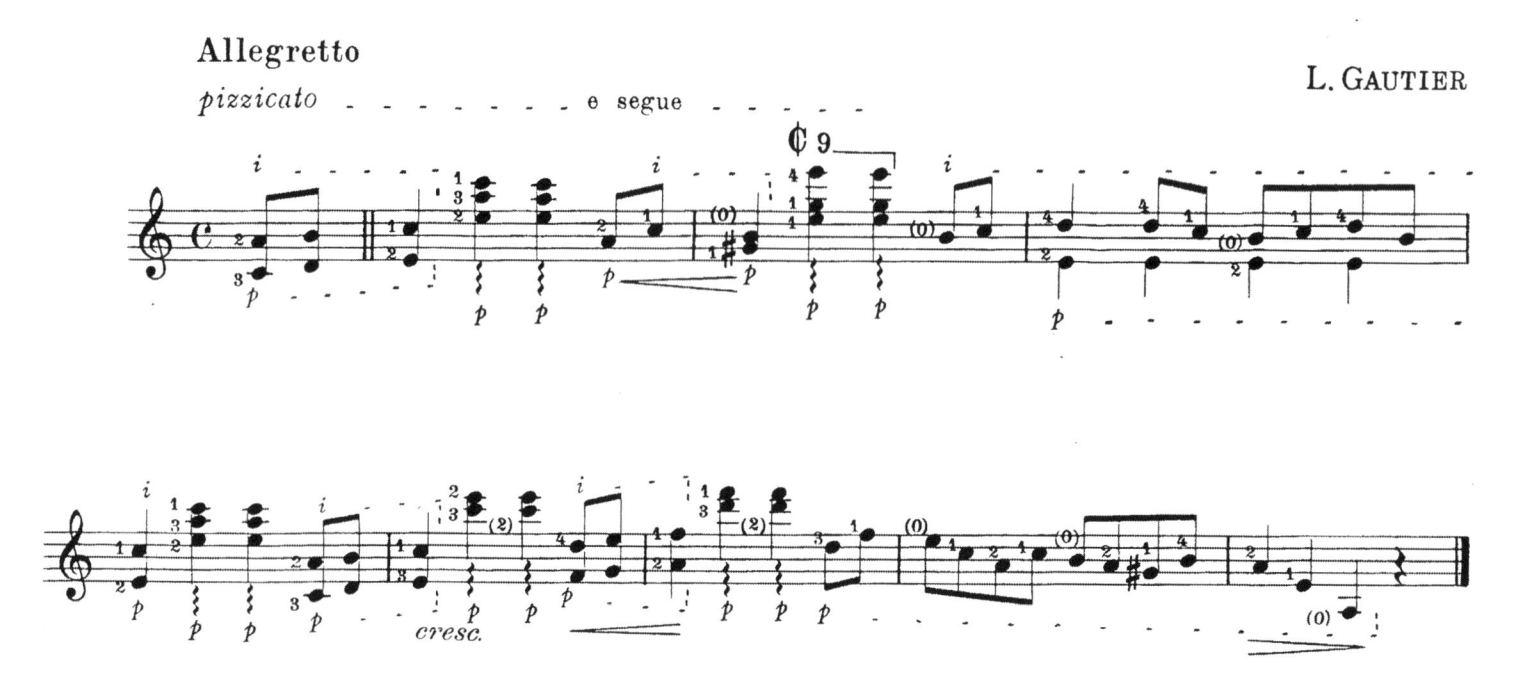

Allegretto

L. GAUTIER

VIBRATO
(OU SONS COM VIBRATO)

O som com Vibrato é produzido no Violão por meio de uma pequena movimentação (balanceio) do dedo da mão esquerda, enquanto ele permanece prendendo uma nota na mesma casa. Naturalmente, que só é possível ser feito em cordas presas e o seu efeito é bem melhor sobre as notas graves.

O Vibrato é usado quando se deseja dar maior realce e beleza a determinadas notas ou trecho musical. É empregado, principalmente, nas notas de maior duração.

COMO PRODUZIR OS SONS COM VIBRATO

Depois de se fazer uma nota qualquer com a mão esquerda, por exemplo — a nota *Ré*, na 7.ª casa da 3.ª corda — dedilhe-a com a mão direita e logo em seguida inicie a movimentação (ou balanceio) da mão esquerda, o que pode ser feito em dois sentidos:

a) Com movimentos *no sentido da corda que foi tocada;* a mão esquerda contribui bastante neste caso, acompanhando os movimentos e mantendo a pressão do dedo sobre a corda. (O polegar esquerdo poderá afastar-se ou não do braço do Violão).

b) Com movimentos *no sentido da casa que for usada;* a mão esquerda não acompanha, propriamente, os movimentos do dedo, mas contribui na pressão feita pelo mesmo sobre a corda. (O polegar, neste caso, não deverá afastar-se do braço do Violão).

Nota: O Vibrato pode ser também praticado sobre duas notas, acordes, e até mesmo em alguns casos de pestana.

Exemplo para a prática do Vibrato:

DANÇA SLAVA (trecho)

P. I. TSCHAIKOWSKI

RUFO
(TOQUE DE CAIXA)
TAMBÉM CHAMADO TABALET

Um dos efeitos interessantes que se consegue no Violão é o da imitação do toque de um tambor ou caixa-clara (militar). Pode ser feito isolado ou simultaneamente como acompanhamento rítmico ao executar determinadas melodias.

PREPARAÇÃO PARA A EXECUÇÃO DO RUFO

Em primeiro lugar, deve-se colocar (ou cruzar) a 5.ª corda sobre a 6.ª (isto é possível com a ajuda do polegar e o indicador da mão direita); em seguida, com a mão esquerda, prendem-se firmemente estas cordas com a ponta de um dedo ou com uma pestana, por exemplo — na 7.ª casa. O uso de um dedo ou pestana, será naturalmente, de acordo com o trecho a ser executado.

Para a mão direita, a dedilhação poderá ser feita com o revezamento do indicador e médio ou só com o polegar.

Observação: Pode-se cruzar até três cordas, porém tornar-se-á mais difícil sustentá-las, mesmo porque, com duas cordas já se obtém ótimo efeito.

Exemplo para a prática do Rufo:

NOTA - Para facilitar, pratique separadamente a melodia, depois o *Rufo*, e então execute-os simultaneamente

ÍNDICE

	Pág.
PREFÁCIO	3
LIÇÃO — (em Sol Maior) — N. Coste	5
LIÇÃO — (em Dó Maior) — N. Coste	5
LIÇÃO — (em Dó Maior) — D. Aguado	6
LIÇÃO — (em Sol Maior) — F. Carulli	6
LIÇÃO — (em Sol Maior) — D. Aguado	7
EXERCÍCIOS PARA INDEPENDÊNCIA DOS DEDOS — n.ᵒˢ 1 e 2 — M. Carcassi	7
VALSA — (em Sol Maior) — F. Carulli	8
LIÇÃO — (em Lá Menor) — N. Coste	8
LIÇÃO — (em Lá Maior) — Ant. Cano	9
EXERCÍCIOS PARA INDEPENDÊNCIA DOS DEDOS — n.ᵒˢ 3 e 4 — M. Carcassi	9
ESTUDO EM LÁ — Fern. Sor	10
LIÇÃO — (em Lá Menor) — D. Aguado	11
EXERCÍCIOS PARA INDEPENDÊNCIA DOS DEDOS — n.ᵒˢ 5 e 6 — M. Carcassi	11
LIÇÃO — (em Fá Maior) — F. Carulli	12
LIÇÃO — (em Mi Menor) — Ant. Cano	12
LIÇÃO — (em Sol Maior) — D. Aguado	13
EXERCÍCIOS PARA INDEPENDÊNCIA DOS DEDOS — n.ᵒˢ 7 e 8 — M. Carcassi	13
LIÇÃO — (em Lá Maior) — N. Coste	14
LIÇÃO — (em Lá Maior) — D. Aguado	14
ANDANTE GRACIOSO — (Ré Menor) — F. Carulli	15
EXERCÍCIOS PARA INDEPENDÊNCIA DOS DEDOS — n.ᵒˢ 9 e 10 — M. Carcassi	15
ALLEGRETTO — (Ré Maior) — F. Molino	16
MINUETO — (Mi Menor) — Rob. de Visée	16
ALLEGRETTO — (Ré Maior) — F. Carulli	17
EXERCÍCIOS PARA INDEPENDÊNCIA DOS DEDOS — n.ᵒˢ 11 a 14 — M. Carcassi	17
EXERCÍCIOS PARA INDEPENDÊNCIA DOS DEDOS — n.ᵒˢ 15 a 22 — M. Carcassi	18
ESTUDO EM RÉ MENOR — N. Coste	19
ESTUDO EM RÉ MAIOR — Fern. Sor	20
LIÇÃO — (em Lá Menor) — D. Aguado	21
LIÇÃO — (em Lá Maior) — D. Aguado	21
ESTUDO EM DÓ MAIOR — (Allegro) — M. Carcassi	22
ESTUDO EM DÓ MAIOR — (Moderato) — M. Carcassi	23
ESTUDO EM LÁ MENOR — (Andante) — M. Carcassi	24
ESTUDO EM LÁ MENOR — (Allegro) — M. Carcassi	25
ESTUDO EM LÁ MAIOR — (Andantino) — M. Carcassi	26
ESTUDO EM LÁ MAIOR — (Allegretto) — M. Carcassi	27
ESTUDO EM DÓ MAIOR — Fern. Sor	28
ESTUDO EM LÁ MENOR — N. Coste	29
ESTUDO EM LÁ MENOR — M. Giuliani	30
ESTUDO EM DÓ MAIOR — M. Giuliani	31
ESTUDO EM MI MENOR — (Allegretto Moderato — M. Giuliani	32
ESTUDO EM MI MENOR — (Andantino) — M. Giuliani	33
ESTUDO EM RÉ MENOR — M. Giuliani	34
MINUETO — M. Carcassi	35
ESTUDO EM LÁ MENOR — (Allegretto Moderato) — M. Giuliani	36
ESTUDO EM SOL MAIOR — D. Aguado	37
ESTUDO EM RÉ MAIOR — N. Coste	38
PRELÚDIO — N. Coste	39
ESTUDO EM SI MENOR — Fern. Sor	40
ANDANTINO — N. Coste	41
ESTUDO EM DÓ MAIOR — (Allegretto) — M. Carcassi	42
ESTUDO EM LÁ — M. Carcassi	43
LIÇÃO DE ORNAMENTOS — F. Carulli	44
PRELÚDIO — (Lá Maior) — F. Tarrega	45
SCHERZO — F. Carulli	46
MINUETO EM DÓ MAIOR — Fern. Sor	47
MINUETO I e II — J. S. Bach	48
BOURRÉE — J. S. Bach	49
PRELÚDIO — J. S. Bach	50
SONATINA — Niccoló Paganini	52
PRELÚDIO — (Ré Maior — F. Tarrega	53
PRELÚDIO — (Ré Menor) — F. Tarrega	53
ADELITA — (Mazurca) — F. Tarrega	54
PAVANA — F. Tarrega	55
MARIETA — (Mazurca) — F. Tarrega	56
ESTUDO EM MI MENOR — Othon G. R. Filho	58
EXERCÍCIOS DE LIGADOS	60
ESCALAS — ACORDES — ARPEJOS (todos os tons)	62
EXERCÍCIOS CROMÁTICOS	68
ARPEJOS EM PESTANA (Exemplos)	70
ESCALAS em 3.ᵃˢ, 6.ᵃˢ, 8.ᵃˢ e 10.ᵃˢ (Exemplos)	72
ORNAMENTOS E EFEITOS	74